中学生《ちゅうがくせい》がまとめた

山《やま》の村《むら》のこわい話《はなし》

堀《ほり》 真一郎《しんいちろう》 文《ぶん》

きのくに子《こ》どもの村《むら》中学校《ちゅうがっこう》わらじ組《ぐみ》 編《へん》・絵《え》

黎明書房

まえがき

神《かみ》かくしにあった息子《むすこ》をさがし求《もと》めて吹雪《ふぶき》の中《なか》で倒《たお》れた母親《ははおや》。
恋人《こいびと》に裏切《うらぎ》られて雪女《ゆきおんな》になった娘《むすめ》。
月夜《つきよ》に恋人《こいびと》と会《あ》っている時《とき》にマムシ《まむし》にかまれた若者《わかもの》。
何代《なんだい》も前《まえ》の先祖《せんぞ》が村《むら》のどこかに埋《う》めた小判《こばん》を今《いま》も夜中《よなか》にさがしている
タヌキ《たぬき》の子孫《しそん》たち……。
きのくに（和歌山県《わかやまけん》）の彦谷《ひこたに》という小《ちい》さな山《やま》の村《むら》には、このような
怖《こわ》くて悲《かな》しい話《はなし》がいくつも残《のこ》っています。

二〇二一年七月一日《にせんにじゅういちねんしちがつついたち》

堀真一郎《ほりしんいちろう》

もくじ

もくじ

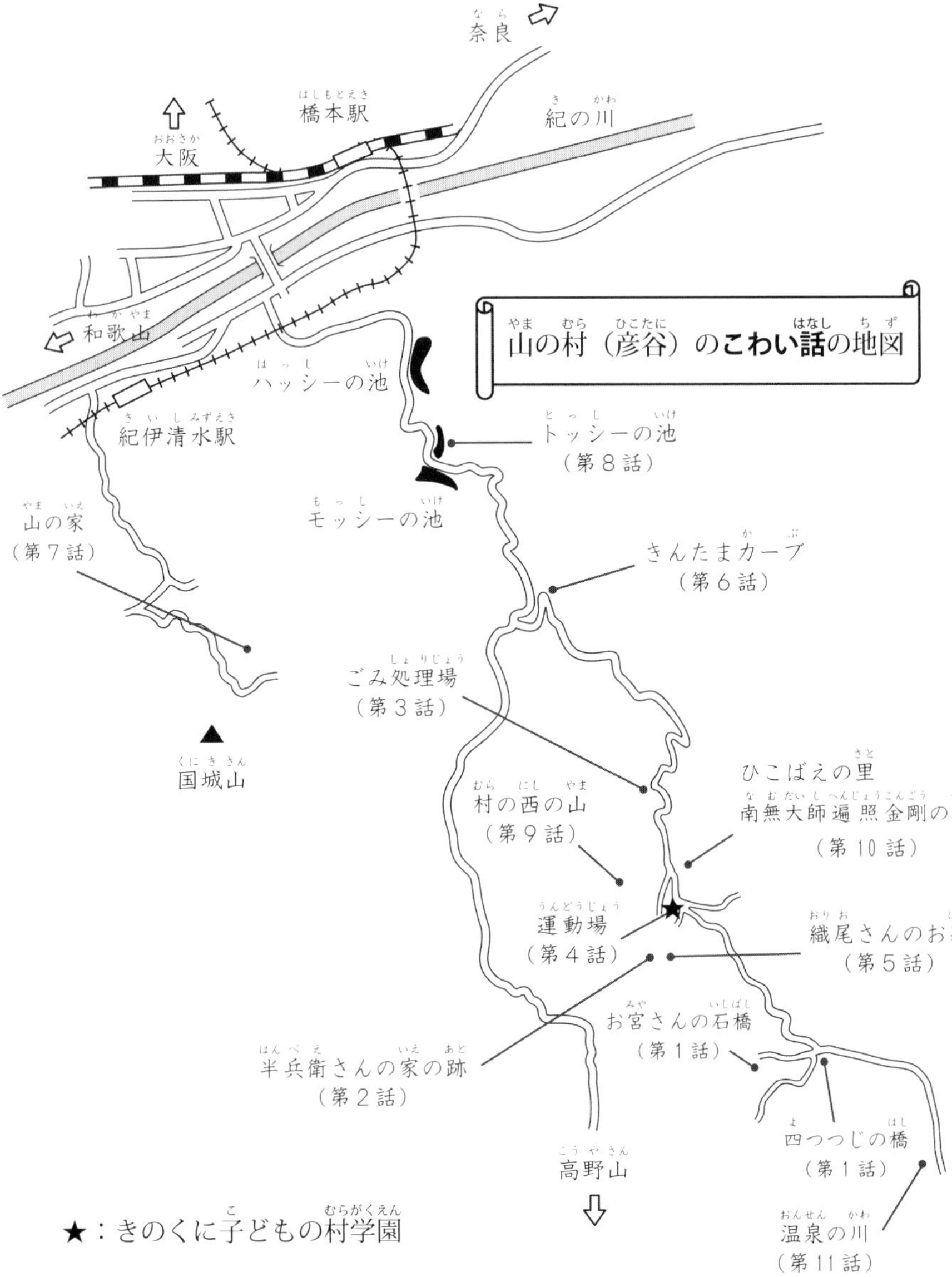
山《やま》の村《むら》（彦谷《ひこたに》）のこわい話《はなし》の地図《ちず》
奈良《なら》
橋本駅《はしもとえき》
紀の川《きのかわ》
大阪《おおさか》
和歌山《わかやま》
ハッシーの池《はっしーのいけ》
紀伊清水駅《きいしみずえき》
トッシーの池《とっしーのいけ》
（第８話）
モッシーの池《もっしーのいけ》
山の家《やまのいえ》
（第７話）
きんたまカーブ《かぶ》
（第６話）
ごみ処理場《しょりじょう》
（第３話）
国城山《くにきさん》
ひこばえの里《さと》
南無大師遍照金剛の石碑《なむだいしへんじょうこんごうのせきひ》
（第10話）
村の西の山《むらのにしのやま》
（第９話）
運動場《うんどうじょう》
（第４話）
織尾さんのお墓《おりおさんのおはか》
（第５話）
お宮さんの石橋《おみやさんのいしばし》
（第１話）
半兵衛さんの家の跡《はんべえさんのいえのあと》
（第２話）
四つつじの橋《よつつじのはし》
（第１話）
高野山《こうやさん》
温泉の川《おんせんのかわ》
（第11話）
★：きのくに子《こ》どもの村学園《むらがくえん》

第《だい》1話《わ》

マムシ《まむし》のごんぞうと
マムシ《まむし》取《と》りのごんぱち

●四《よ》つつじの橋《はし》，お宮《みや》さんの石橋《いしばし》

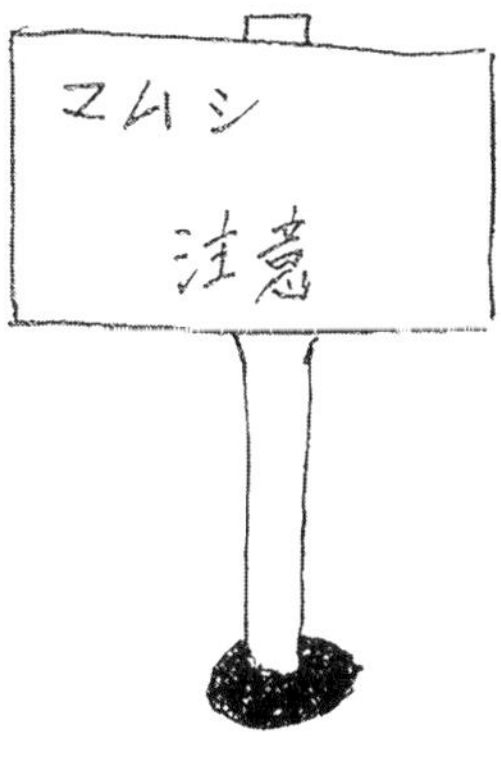

むかしむかし、彦谷《ひこたに》の村《むら》に、ごんぱちという若者《わかもの》が住《す》んでいた。年《とし》は二十歳《はたち》で、なかなかのはたらき者《もの》であった。しかしまずしい家《いえ》だったので、田《た》んぼも畑《はたけ》も少《すこ》ししかない。いつもびんぼう暮《ぐ》らしだ。

ところが、ごんぱちは、村《むら》の人《ひと》たちからはそんけいされていた。たよりにされていた、と言《い》ってもよい。それは、ごんぱちがマムシ《まむし》取《と》りの名人《めいじん》だったからだ。

なにしろどんなにでかいマムシ《まむし》でも、ごんぱちにかかったらかなわない。あっというまに、首《くび》ねっこをつかまれて、皮《かわ》をひんむかれてしまう。どんなにびんしょうなマムシ《まむし》でも、ごんぱちににらまれたら、もうおしまいだ。

そんなわけで、彦谷《ひこたに》の村《むら》からは、だんだんマムシ《まむし》の数《かず》が減《へ》ってきた。

村《むら》の人《ひと》はよろこんだ。こまったのはマムシ《まむし》たちの方《ほう》だ。

「このままでは、彦谷《ひこたに》のマムシ《まむし》は、みんなごんぱちにやられてしまう。」

「何《なん》とかせにゃならん。」

というわけで、マムシ《まむし》の寄《よ》り合《あ》いが開《ひら》かれた。寄《よ》り合《あ》いというのは、今《いま》のことばで言《い》えば、ミーティング《みーてぃんぐ》のことだ。寄《よ》り合《あ》いを開《ひら》くのは、「四《よ》つつじの橋《はし》」の下《した》だ。「四《よ》つつじの橋《はし》」というのは、ずっと昔《むかし》に学校《がっこう》のあった方《ほう》へ下《お》りていくと十字路《じゅうじろ》がある。あそこの橋《はし》のことだ。マムシ《まむし》たちは、そうだんした。そして決《き》めた。

ごんぱちにかみついてたおした者《もの》には、なかまたち全員《ぜんいん》のざいさんの半分《はんぶん》を与《あた》えることにしよう。

まっさきに名《な》のりをあげたのは、ごんいちだ。いちばん太《ふと》くて、毒《どく》が強《つよ》いと言《い》われるマムシ《まむし》である。

「なあに、おれさまにかかったら、ごんぱちなんて、いちころさ。」

そう言《い》うと、ごんいちは、ごんぱちの家《いえ》にしのびこんだ。そして、トイレ《といれ》の戸《と》のかげからとびかかった。しかし、いっしゅんのさで、あわれなごんいちは、ごんぱちに首《くび》ねっこをつかまれて、皮《かわ》をむかれてしまった。

「よくも、おれのあにきを!」

おこってとび出《だ》したのは、おとうとのごんじだ。これは、村《むら》でいちばん長《なが》くて、毒《どく》が多《おお》いとひょうばんのマムシ《まむし》である。ごんじは、ごんぱちが山《やま》の畑《はたけ》で昼《ひる》ごはんを食《た》べるところをねらった。ごんぱちの畑《はたけ》のそばに高《たか》いどんぐりの木《き》がある。そのどんぐりの木《き》の上《うえ》からとび下《お》りたのだ。

しかし、かわいそうなごんじも、あと一《いっ》センチ《せんち》のところでつかまって、皮《かわ》をひんむかれてしまった。

こまりはてたマムシ《まむし》たちは、また橋《はし》の下《した》で寄《よ》り合《あ》いを開《ひら》いた。

「このままでは、彦谷《ひこたに》のマムシ《まむし》はぜんめつするぞ。」

「ごんいちも、ごんじも、やられたんだ。ほかのマムシ《まむし》では、とても歯《は》がたたん。」

「おれたちは、毒《どく》だけにたよった。それがいかんのだ。頭《あたま》を使《つか》おう。

頭《あたま》を。」

マムシ《まむし》たちは、頭《あたま》を使《つか》った。長《なが》い時間《じかん》をかけて作戦《さくせん》をねった。こうしてすごい計画《けいかく》がまとまったのだ。まず、ごんぱちにゆだんをさせねばならない。それには、わかい女《おんな》がいちばんだ。どんなにたくましい男《おとこ》でも、きれいなむすめといっしょの時《とき》は、どうしても気《き》がゆるむ。

ごんぱちには、じつは好《す》きなむすめがいた。とうげの村《むら》のおよねだ。およねの方《ほう》も、ごんぱちのところなら、よめに行《い》ってもいい、と思《おも》っていた。

マムシ《まむし》たちは、まず人間《にんげん》の声《こえ》のまねをする練習《れんしゅう》を始《はじ》めた。そして、十《じゅう》分《ぶん》にじょうずになったところで、ごんぱちの家《いえ》の近《ちか》くまで行《い》ってささやいた。

「ごんぱちさん、ごんぱちさん。およねよ。こんや、お宮《みや》さんの石橋《いしばし》のところで待《ま》ってるわ。」

べつのマムシ《まむし》が、およねの家《いえ》の近《ちか》くまで行《い》ってささやいた。

「およねさん。ごんぱちだ。お宮《みや》さんの石橋《いしばし》で待《ま》ってるぞ。」

およねもごんぱちも、「へんだなあ」と思《おも》った。しかし、二人《ふたり》は、日《ひ》が暮《く》れてから、お宮《みや》さんの石橋《いしばし》まで出《で》かけていった。お宮《みや》さんの石橋《いしばし》は、四《よ》つつじの橋《はし》のむこうの、昔《むかし》に学校《がっこう》のあったところのすぐそばにある。

そこからほそい道《みち》を登《のぼ》ると神社《じんじゃ》がある。神社《じんじゃ》のことを「お宮《みや》さん」と言《い》うわけだ。

さて、それからは、ごんぱちとおよねは、まいばんのように、その橋《はし》のところで会《あ》うようになった。そして、十月《じゅうがつ》のまん月《げつ》の夜《よる》のことだ。ごんぱちは、およねにささやいた。

「およねさん。おれのよめになってくれ。おれの家《いえ》はびんぼうだ。しかし、きっとしあわせにする。」

およねが、小《ちい》さい声《こえ》でこたえた。

「はい。ごんぱちさん。」

ごんぱちは、およねをだきよせた。

そのいっしゅんのゆだんが、ごんぱちのいのちとりになった。
マムシ《まむし》のごんぞうが、橋《はし》の下《した》で息《いき》を殺《ころ》していたのだ。ごんぞうは、そおーっとしのび寄《よ》ると、いきなりごんぱちのかかとにかみついた。ごんぞうのキバ《きば》からは、ふつうのマムシ《まむし》の何十《なんじゅう》ばいもの毒《どく》がごんぱちの体《からだ》にそそぎこまれた。

さすがのごんぱちも、これにはかなわない。たちまち体《からだ》じゅうがむらさき色《いろ》にふくれあがる。そして、「およねさーん」と小《ちい》さな声《こえ》で言《い》い終《お》わらぬうちによろよろとたおれ、そのまま息《いき》たえてしまった。およねはごんぱちにとりすがった。泣《な》いて、泣《な》いて、とうとうあきらめると、下《した》の川《かわ》に身《み》を投《な》げて、死《し》んでしまった。

ごんぞうの方《ほう》も、必死《ひっし》でにげようとして力《ちから》がつきた。マムシ《まむし》の毒《どく》にやられたのだ。マムシ《まむし》が、マムシ《まむし》の毒《どく》にやられる。これは、へんな話《はなし》だ。しかし、ごんぞうは、彦谷《ひこたに》のぜんぶのマムシ《まむし》の毒《どく》を体《からだ》の中《なか》にためこんでいたのだ。

何《なに》もかもごんぱちをたおすためであった。

こうして、彦谷《ひこたに》のマムシ《まむし》は毒《どく》をうしなった。となり村《むら》のマムシ《まむし》からは

「毒《どく》なしマムシ《まむし》、ろくでなしマムシ《まむし》」とバカ《ばか》にされつづけた。彦谷《ひこたに》のマムシ《まむし》たちの体《からだ》に、少《すこ》しずつ毒《どく》がよみがえったのは、それから七〇《ななじゅう》

年《ねん》もたったころである。

それはともかく、今《いま》でもまん月《げつ》のばんに「四《よ》つつじの橋《はし》」で耳《みみ》をすませてみるとよい。きっとこんなひそひそ話《はなし》が聞《き》けるのだ。

「ごんぱちを、何《なん》とかせにゃならん。」

「ゆだんをさせるにかぎる。」

「みんなの毒《どく》を、ごんぞうに飲《の》みこんでもらおう。」

十五夜《じゅうごや》の夜《よる》に、お宮《みや》さんの石橋《いしばし》のところで、そっと聞《き》いてみてごらん。すーっと風《かぜ》がふいて、木《き》がさわさわとゆれて、こんな声《こえ》が聞《き》こえるのだ。

「およねー。」

「ごんぱちさーん。」

第《だい》2話《わ》

しりのゴンボ《ごんぼ》をぬく

●半兵衛《はんべえ》さんの家《いえ》の跡《あと》

「かけむしろ」というのを知《し》っているかい？　「むしろ」というのは、ワラ《わら》であんだ「しきもの」だ。たいていは、たて一メートル《いちめーとる》、よこ二《に》メートル《めーとる》くらいの大《おお》きさだ。これは、とても便利《べんり》なもので、家《いえ》の中《なか》にしいたり、もみや豆《まめ》を干《ほ》したりするのに使《つか》われる。ときには、上《うえ》からつるして、戸《と》のかわりにする。ぶら下《さ》がっているむしろを手《て》で開《あ》けて出入《でい》りするのだ。こういうむしろを「かけむしろ」と言《い》う。

かけむしろというのは、なかなかうまい考《かんが》えだ。お金《かね》を出《だ》して戸《と》を買《か》わなくてもよい。それに、いちいち開《あ》けたりしめたりしなくてもいい。入《はい》ったあとは、ひとりでにまた元《もと》どおりにぶら下《さ》がってくれるのだ。

しかし、かけむしろになれてしまうと、戸《と》のある部屋《へや》に出入《でい》りしても戸《と》をしめるクセ《くせ》がつかない。しめるのを忘《わす》れてしまうのだ。こういう「ずぼらな人《ひと》」のことをバカ《ばか》にして、「かけむしろそだち」と言《い》う。

「お前《まえ》の家《いえ》は、びんぼうで、戸《と》を買《か》えないから、出入口《でいりぐち》はかけむしろだろう。」

こういう「けいべつ」の意味《いみ》もふくまれている。

さて、昔《むかし》の山《やま》の中《なか》やいなかでは、トイレ《といれ》は、たいてい家《いえ》の外《そと》にあった。はきものをはいて、いったん外《そと》に出《で》て、トイレ《といれ》のある小《ち》さな小屋《こや》に入《はい》るのだ。雨《あめ》がふれば、走《はし》って行《い》くか、傘《かさ》をさして行《い》く。昼《ひる》は、まだいい。困《こま》るのは夜《よる》だ。いなかの夜《よる》はくらい。ほんとにまっくらだ。何《なん》にも見《み》えない。遠《とお》くの方《ほう》で、フクロウ《ふくろう》がなく。山犬《やまいぬ》がほえる声《こえ》が聞《き》こえる。とっても不気味《ぶきみ》なのだ。

月《つき》の出《で》ていない夜《よる》にトイレ《といれ》へ行《い》くには、あかりを持《も》って行《い》かないといけない。今《いま》とはちがって、でんとうはない。かいちゅうでんとうもない。だからロウソク《ろうそく》をともしていく。

ロウソク《ろうそく》だけでは、風《かぜ》がふいて消《き》えると困《こま》る。だから、ちょうちんを下《さ》げて行《い》く。ちょうちんというのは、竹《たけ》と紙《かみ》でできた丸《まる》い入《い》れもので、この中《なか》にロウソク《ろうそく》を立《た》てて、手《て》に持《も》ってはこぶ。そのちょうちんを足《あし》もとにおいて、うんこやおしっこをするわけだ。

ところが、風《かぜ》もないのに、そのロウソク《ろうそく》がすーっと消《き》えることがある。

第２話　しりのゴンボ《ごんぼ》をぬく

ちょうちんでも消《き》えるのだ。ほんとに、風《かぜ》もないのに、すーっと消《き》える。あたりはまっくら……。そして、どこからともなく、つめたい手《て》がのびてきて、うんこをしている人《ひと》の足《あし》くびをにぎるのだ。

まっくらになって、何《なん》にも見《み》えなくなって、つめたーい手《て》が、そーっとちかづいて来《き》て、あなたの足《あし》くびを……。

ロウソク《ろうそく》なんて、昔《むかし》の話《はなし》さ。げんだいでは、かいちゅうでんとうを使《つか》うから、消《き》えたりしない。……なーんて、ゆだんをしてはいけない。かいちゅうでんとうだって、消《き》えるのだ。だんだんくらくなって、しまいには、まっくらになる。

それも、彦谷《ひこたに》だけではない。となりの村《むら》でも、昔《むかし》からそう言《い》われている。ついでに言《い》うと、となりの村《むら》では、消《け》しておいたはずのトイレ《といれ》のでんきが、夜中《よなか》につくこともある。そして、安心《あんしん》してトイレ《といれ》に入《はい》ると、すーっと消《き》えて、ひやーっとする手《て》がのびてくるのだ。

気《き》をつけなくてはいけない。

つめたい手《て》で足《あし》をさわられるだけなら、がまんできるだろう。しかし、それだけではすまないことがある。へたをすると「しりのゴンボ《ごんぼ》」をぬかれてしまうのだ。これをやられると、手《て》のほどこしようがない。「しり」というのは、もちろんおしりだ。ゴンボ《ごんぼ》とは、ゴボウ《ごぼう》のことだ。

おしりのゴボウ《ごぼう》をぬかれるとは、どういうことか。それは、そのつめたーい手《て》が、うんこをした人《ひと》のおしりのあなに入《はい》ってきて、おなかの中《なか》のものをみんなぬいてしまうのだ。ぺちゃんこになって、おなかの皮《かわ》とせぼねだけがのこる。もちろん、いのちはない。

彦谷《ひこたに》のあたりでは、しりのゴンボ《ごんぼ》をぬかれた人《ひと》のかずは、一人《ひとり》や二人《ふたり》ではない。いちばんひさんなのは、半兵衛《はんべえ》さんの家《いえ》だ。かぞくが五人《ごにん》だったのが、二年《にねん》に一人《ひとり》のわりあいで、しりのゴンボ《ごんぼ》をぬかれてしまった。

さいごには、半兵衛《はんべえ》さんもやられて、とうとう、だれもいなくなった。半兵衛《はんべえ》さんの家《いえ》は、大《おお》きな松《まつ》の木《き》の下《した》にあった。しかし、みんな、気《き》持《も》ち悪《わる》がって、何年《なんねん》ものあいだ、だれ一人《ひとり》としても近《ちか》づく者《もの》はいなかった。やがて三〇年《さんじゅうねん》ほど前《まえ》にくずれおちてしまった。

ときどき、その松《まつ》の木《き》の大《おお》きなえだに、半兵衛《はんべえ》さんのゆうれいが出《で》る。そういううわさもある。くらい夜《よる》には、一人《ひとり》でちか寄《よ》らない方《ほう》がいい。うんこのあいだに、つめたい手《て》で足《あし》にさわったり、しりのゴンボ《ごんぼ》をぬいたりするのは、だれのしわざだろう。たしかなことは、だれにもわからない。かっぱのしわざだ、と言《い》う人《ひと》もある。というのも、たまたまキュウリ《きゅうり》をポケット《ぽけっと》に入《い》れてトイレ《といれ》に入《はい》った人《ひと》があったのだ。

れいのつめたい手《て》は、そのキュウリ《きゅうり》をふんだくると、またすーっと消《き》えてしまった。だから、かっぱのしわざだろうという。何《なに》しろ、かっぱときたら、キュウリ《きゅうり》がだいこうぶつなのだ。どんなごちそうがあっても、キュウリ《きゅうり》のほかには目《め》もくれないのだから。

そんなわけで、足《あし》くびをつかまれたり、しりのゴンボ《ごんぼ》をぬかれたりするのがいやだったら、キュウリ《きゅうり》を持《も》ってトイレ《といれ》に入《はい》るといいかもしれない。もちろん、ぜったい大丈夫《だいじょうぶ》だ、というほしょうはない。

第《だい》3話《わ》

かみかくしのアケビ《あけび》

●ごみ処理場《しょりじょう》

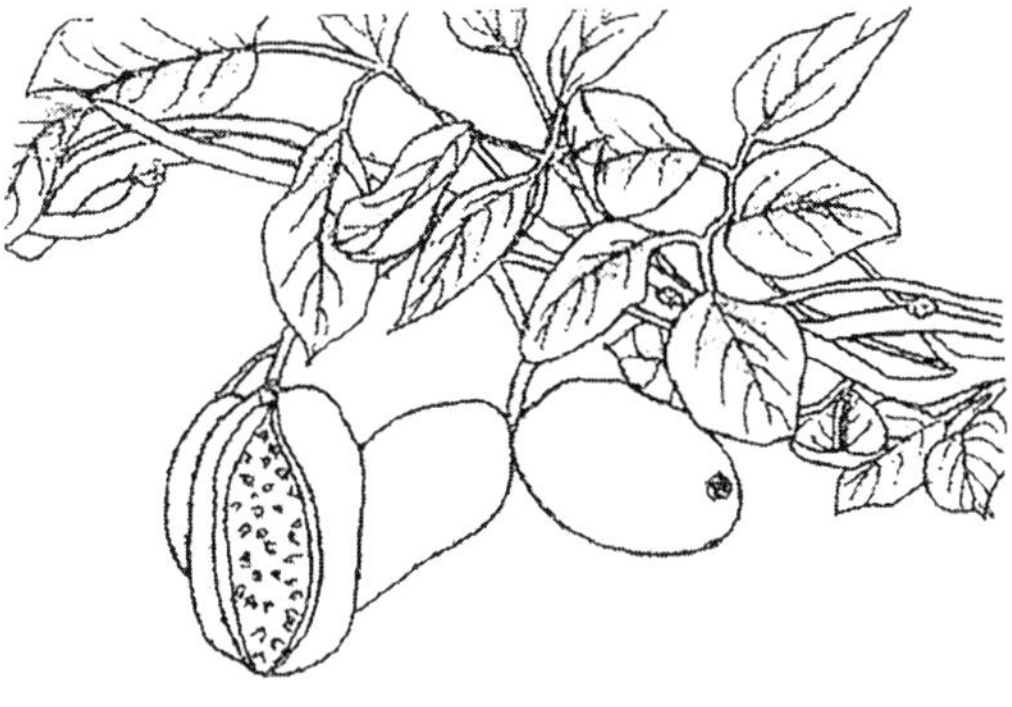

第３話　かみかくしのアケビ《あけび》

彦谷《ひこたに》の秋《あき》は美《うつく》しい。空《そら》は、すみきっている。たくさんの野鳥《やちょう》がさえずる。ちょっと注意《ちゅうい》して見《み》てごらん。いろいろな木《き》の実《み》が見《み》つかる。大《おお》きくて、はでで、たくさんなっている実《み》もある。小《ちい》さくて、じみで、よく見《み》ないと見《み》つからないのもある。こんな木《き》の実《み》をとってきて、ペンダント《ぺんだんと》やブローチ《ぶろーち》を作《つく》ると、とてもきれいだ。

木《き》の実《み》の中《なか》で特別《とくべつ》にすごいのはアケビ《あけび》だ。子《こ》どもの村《むら》（＊子《こ》どもの村《むら》というのは、彦谷《ひこたに》の村《むら》にある私立《しりつ》の学校《がっこう》だ。）の寮《りょう》の南《みなみ》の山《やま》など、いっぱいとれる。

しかし、アケビ《あけび》は見《み》つけても、むやみにとってはいけない。ぜったいにとってはいけないアケビ《あけび》もあるのだ。

彦谷《ひこたに》の村《むら》から西《にし》へ一《いち》キロ《きろ》のところに、ごみ処理場《しょりじょう》がある。もえないごみを持《も》ってきて埋《う》めているのだ。あのカーブ《かーぶ》のあたりを、よく気《き》をつけて見《み》てみるといい。毎年《まいとし》、頭《あたま》の上《うえ》にアケビ《あけび》が一《ひと》つだけできる。ふつうの赤《あか》いアケビ《あけび》ではない。白《しろ》い大《おお》きなアケビ《あけび》だ。

十分《じゅうぶん》に気《き》をつけてほしい。どんなことがあっても、このアケビ《あけび》には手《て》をつけてはいけない。棒《ぼう》でつついてもいけない。大変《たいへん》なことになる。何《なに》しろ、このアケビ《あけび》には、悲《かな》しくて、おそろしい話《はなし》が伝《つた》わっているのだ。

今《いま》から一五〇年《ひゃくごじゅうねん》ほど前《まえ》のことだ。彦谷《ひこたに》には、まだ家《いえ》が一〇〇《ひゃっ》けんほどあった。このあたりは、高野山《こうやさん》へお参《まい》りに行《い》く道《みち》になっていた。高野山《こうやさん》へお参《まい》りする道《みち》はたくさんある。そして彦谷《ひこたに》の道《みち》も、多《おお》くの人《ひと》が通《とお》ったのだ。昔《むかし》のことだから、みんな何日《なんにち》もかけて、歩《ある》いてお参《まい》りした。

彦谷《ひこたに》の村《むら》にはこういう人《ひと》のための小《ち》さな宿《やど》や茶店《ちゃみせ》があった。茶店《ちゃみせ》というのは、旅人《たびびと》が一休《ひとやす》みして、お茶《ちゃ》をのんだり、おまんじゅうを食《た》べたりした店《みせ》だ。村《むら》には、旅人《たびびと》の荷物《にもつ》を馬《うま》で運《はこ》んで生活《せいかつ》している人《ひと》も多《おお》かった。そのためだろう。今《いま》でもこの村《むら》では、タクシー《たくしー》の運転手《うんてんしゅ》や、電車《でんしゃ》の車《しゃ》しょうさんなど、交通関係《こうつうかんけい》の仕事《しごと》をしている人《ひと》が少《すく》なくないのだ。

さて、一五〇年《ひゃくごじゅうねん》ほど前《まえ》のある夏《なつ》の日《ひ》のことだ。谷間《たにま》の道《みち》で、若《わか》い女《おんな》の人《ひと》がたおれていた。五歳《ごさい》ほどの男《おとこ》の子《こ》が「おかあさん、おかあさん」と泣《な》いている。女《おんな》の人《ひと》は、ひどく体《からだ》が弱《よわ》っていた。

彦谷《ひこたに》の村《むら》の人《ひと》は、今《いま》も昔《むかし》もやさしい。かわいそうに思《おも》った「きさくじいさん」が、せめて元気《げんき》になるまではと、家《いえ》に泊《と》めてくれることになった。

母親《ははおや》の名前《なまえ》は、「おゆきさん」といった。子《こ》どもは「小太郎《こたろう》」だ。二人《ふたり》は、高野山《こうやさん》から帰《かえ》るところだった。越前《えちぜん》の国《くに》（今《いま》の福井県《ふくいけん》）から、小太郎《こたろう》の父親《ちちおや》をさがしに来《き》たのだ。小太郎《こたろう》のお父《とう》さんは、ある日《ひ》とつぜん姿《すがた》を消《け》してしまった。どこをさがしても見《み》つからない。もう死《し》んだのだろうと、あきらめかけていた頃《ころ》だ。高野山《こうやさん》でよく似《に》た人《ひと》を見《み》かけた、と言《い》う人《ひと》が出《で》てきた。そこで越前《えちぜん》からはるばる高野山《こうやさん》まで行《い》って来《き》たのだ。

しかし、高野山《こうやさん》では、そんな人《ひと》を見《み》たという人《ひと》はだれもいない。仕方《しかた》なくまた国《くに》へ帰《かえ》ることにした。しかし、おゆきさんは、もともと体《からだ》が強《つよ》くない。子《こ》どもを連《つ》れての長《なが》い旅《たび》だ。そして小太郎《こたろう》の父親《ちちおや》を見《み》つけられなかったために、すっかり気《き》がめいっていた。彦谷《ひこたに》の村《むら》の近《ちか》くまで来《き》て、とうとう力《ちから》つきたのだ。

おゆきさんは、きさくじいさんの家《いえ》で、だんだん元気《げんき》をとりもどした。小太郎《こたろう》は、とても人《ひと》なつっこい子《こ》だったから、村《むら》のみんなからかわいがられた。近所《きんじょ》の子《こ》どもたちは、毎日《まいにち》のように、小太郎《こたろう》をさそいに来《き》た。おにごっこをしたり、山《やま》でクリ《くり》をひろったり、ヤマガラ《やまがら》をつかまえたりした。おゆきさんも、元気《げんき》になると、村《むら》の人《ひと》のお手伝《てつだ》いをするようになった。みんなは、この親子《おやこ》に「ずっと彦谷《ひこたに》に住《す》んではどうか」とすすめた。おゆきさんも小太郎《こたろう》も、村《むら》のどの人《ひと》からも好《す》かれていたのだ。

悲劇《ひげき》は、ある寒《さむ》い日《ひ》の夕暮《ゆうぐれ》に起《お》こった。小太郎《こたろう》たち五人《ごにん》ほどの遊《あそ》び仲《なか》間《ま》は、近《ちか》くの山《やま》で遊《あそ》びまわったあとで急《いそ》いで家《いえ》へ帰《かえ》ろうとしていた。

「もうすぐ日《ひ》が暮《く》れる。急《いそ》がにゃならん。」

「日《ひ》が暮《く》れると、『おっかあ』におこられる。」

「おれの『おっかあ』も、すごくこわいからなあ。」

そんなことを言《い》いながら、道《みち》を急《いそ》いでいた。その時《とき》だ。とつぜん小太《こた》郎《ろう》の姿《すがた》が、すっと見《み》えなくなった。場所《ばしょ》は、村《むら》の入《い》り口《ぐち》の峠《とうげ》の少《すこ》しこちらだ。今《いま》では道《みち》がひろくなったけれど、昔《むかし》は背《せ》の高《たか》い木《き》がこんもりとしげっていた。ほんとに、急《きゅう》に消《き》えてしまったのだ。

村《むら》じゅうの人《ひと》が集《あつ》まって、朝《あさ》までさがした。道《みち》をふみはずして、下《した》へ落《お》ちたのではないか。そう思《おも》って、谷底《たにぞこ》まで調《しら》べた。しかし、小太郎《こたろう》は見《み》つからなかった。何日《なんにち》たっても帰《かえ》って来《こ》なかった。おゆきさんは、毎日《まいにち》、息子《むすこ》の姿《すがた》をもとめて、かけまわった。山《やま》も谷《たに》も川《かわ》も、何度《なんど》も何度《なんど》もさがした。

それでも小太郎《こたろう》は見《み》つからない。おゆきさんは、とうとうまた寝《ね》こんでしまった。人々《ひとびと》は、小太郎《こたろう》はきっと「かみかくし」にあったにちがいない、とうわさした。

さて、二月《にがつ》の寒《さむ》い日《ひ》のことだ。朝《あさ》から強《つよ》い北風《きたかぜ》がふき、冷《つめ》たい雪《ゆき》がまっていた。きさくじいさんは、おゆきさんに声《こえ》をかけた。

「これは大雪《おおゆき》になるぞ。」

おゆきさんは、すっかり体《からだ》が弱《よわ》って
いた。今《いま》では、ほとんど自分《じぶん》の力《ちから》では
立《た》ち上《あ》がれない。そのおゆきさんが、
ふらふらとふとんから出《で》てきたのだ。
「小太郎《こたろう》が呼《よ》んでいる。
小太郎《こたろう》が呼《よ》んでいる。
行《い》ってやらなくては。」
おゆきさんは、ねまきのままで外《そと》に
出《で》ようとした。きさくじいさんが、必《ひっ》
死《し》で止《と》めた。おゆきさんは、きさくじ

いさんをつきとばすと、玄関《げんかん》の戸《と》を開《あ》けて、外《そと》へ走《はし》り出《だ》していった。ても病人《びょうにん》とは思《おも》えない強《つよ》い力《ちから》だ。ききくじいさんは、あわてておいかけようとした。しかし、外《そと》はひどい「ふぶき」になっていた。風《かぜ》にふきとばされて、ききくじいさんは気《き》を失《うしな》ってしまった。

ふぶきは、夜《よる》の間《あいだ》じゅうつづいた。次《つぎ》の朝《あさ》、ききくじいさんは、となりの友《とも》さんや米《よね》さんといっしょに、おゆきさんをさがしに出《で》かけた。

おゆきさんは、雪《ゆき》の中《なか》にたおれていた。すでに死《し》んでいた。そして、不思議《ふしぎ》なことに、おゆきさんのすぐそばの雪《ゆき》の中《なか》から、一本《いっぽん》のアケビ《あけび》のつるが生《は》えていた。真冬《まふゆ》なのに、アケビ《あけび》のつるが芽《め》を出《だ》し、一晩《ひとばん》のうちに空高《そらたか》く伸《の》びていたのだ。上《うえ》を見上《みあ》げると、なんと、大《おお》きな白《しろ》いアケビ《あけび》が一《ひと》つ実《み》をつけていた。

アケビ《あけび》は、それから毎年《まいとし》、秋《あき》になると実《み》をつけた。しかし、どんな年《とし》でも、実《み》は一《ひと》つしかならない。村《むら》の人《ひと》は、このアケビ《あけび》を「おゆきさんのアケビ《あけび》」と呼《よ》んだ。そして、とても大切《たいせつ》にした。

村《むら》の人《ひと》たちが「おゆきさんのアケビ《あけび》」を大事《だいじ》にしたのは、おゆきさんと小太郎《こたろう》がかわいそうだったからだけではない。このアケビ《あけび》が、村《むら》にときどき不幸《ふこう》をもたらすようになったのだ。というのは、わけを知《し》らない人《ひと》が、「みごとなアケビ《あけび》だ」と喜《よろこ》んで、このアケビ《あけび》をとってしまうことがあった。すると二《に》、三日《さんにち》のうちに、村《むら》の子《こ》どもが一人《ひとり》、かならず「かみかくし」にあってしまうのだ。

第３話　かみかくしのアケビ《あけび》

アケビ《あけび》をとったのが子《こ》どもなら、その子《こ》が「かみかくし」にあう。大人《おとな》なら、その人《ひと》の子《こ》どもが「かみかくし」にあう。そんなわけで、「おゆきさんのアケビ《あけび》」は、「かみかくしのアケビ《あけび》」と呼《よ》ばれることもある。どっちにしても、このアケビ《あけび》だけは、ぜったいにとってはいけない。

第《だい》4話《わ》

すすり泣《な》く女《おんな》

●運動場《うんどうじょう》

「うしみつ時《どき》」というのを知《し》っているかい。夜中《よなか》の二時《にじ》か三時《さんじ》、つまり、みんなが寝《ね》しずまった頃《ころ》だ。昔《むかし》から「草木《くさき》もねむるうしみつ時《どき》」と言《い》う。ゆうれいやようかいは、このころに活動《かつどう》を始《はじ》めるのだ。

どこかで、おきょうを上《あ》げる声《こえ》がする。

ヤナギ《やなぎ》の木《き》のかげから、ろくろ首《くび》が出《で》る。

えんの下《した》で、気味《きみ》の悪《わる》いネコ《ねこ》の泣《な》き声《ごえ》がする。

こういうのは、ほとんど「うしみつ時《どき》」に起《お》きる。

さて、二月《にがつ》のある水曜《すいよう》の夜《よる》、ほりさんは、子《こ》どもの村《むら》の職員室《しょくいんしつ》でワープロ《わーぷろ》を打《う》っていた。真夜中《まよなか》の一時少《いちじすこ》しすぎ、耳《みみ》をすませた。

「おかしいな。」

人《ひと》の声《こえ》がしたように思《おも》ったのだ。もう一度《いちど》、耳《みみ》をすませた。聞《き》こえない。ほりさんは、ストーブ《すとーぶ》のスイッチ《すいっち》を切《き》った。何《なん》にも音《おと》がしない。

「気《き》のせいかな。」

玄関《げんかん》のドア《どあ》をしめて外《そと》へ出《で》てみた。

「……?」

やっぱり人声《ひとごえ》がする。女《おんな》の声《こえ》だ。たしかに聞《き》こえる。運動場《うんどうじょう》のすみっこのすべり台《だい》の下《した》あたりだ。はっきりと聞《き》こえた。女《おんな》がすすり泣《な》く声《こえ》だ。砂場《すなば》の少《すこ》しむこうから聞《き》こえてくる。たしかに泣《な》いている。

さすがのほりさんも、ゾッ《ぞっ》とした。あわてて上《うえ》の家《いえ》へにげて帰《かえ》った。

次《つぎ》の日《ひ》の朝《あさ》、この村《むら》の区長《くちょう》さんの家《いえ》へ行《い》った。区長《くちょう》さんは、そんな話《はなし》は聞《き》いたことがないという。しかし、区長《くちょう》さんのお母《かあ》さんが、横《よこ》から口《くち》を出《だ》した。

「今《いま》の運動場《うんどうじょう》にはなあ、昔《むかし》は学校《がっこう》があったんや。砂場《すなば》のあたりに古《ふる》い井戸《いど》があったが……。それと関係《かんけい》があるんとちがうかいの。私《わたし》らの子《こ》どもの頃《ころ》は、井戸《いど》の中《なか》で若《わか》い女《おんな》が泣《な》いていると言《い》われて、こわい思《おも》いをしたもんじゃ……。」

ほりさんは、村《むら》のお年寄《としよ》りの家《いえ》を回《まわ》った。昔《むかし》の言《い》い伝《つた》えについて聞《き》くためだ。三月《さんがつ》の休《やす》みには、橋本市《はしもとし》の図書館《としょかん》に出《で》かけた。古《ふる》い記録《きろく》がのこっているかもしれない。ずいぶん調《しら》べた。けれど彦谷《ひこたに》の女《おんな》のすすり泣《な》きについての記録《きろく》は、何《なに》ひとつ見《み》つからなかった。しかし、何人《なんにん》かのお年《とし》寄《よ》りの話《はなし》と図書館《としょかん》の記録《きろく》を寄《よ》せあつめてみると、だいたいこんなことがあったらしい。

明治時代《めいじじだい》のはじめ、つまり今《いま》から一五〇年《ひゃくごじゅうねん》あまり前《まえ》のことだ。世《よ》の中《なか》がかわって、日本《にほん》じゅうに小学校《しょうがっこう》が作《つく》られることになった。彦谷《ひこたに》にも小《ち》さな学校《がっこう》ができた。

ある年《とし》の春《はる》、女《おんな》の先生《せんせい》がやって来《き》た。若《わか》くてかわいい先生《せんせい》だ。名前《なまえ》は大石《おおいし》リエ《りえ》という。子《こ》どもたちは、いっぺんにリエ《りえ》先生《せんせい》が好《す》きになってしまった。何《なに》しろやさしい。めったにおこらない。いつもニコニコ《にこにこ》している。

女《おんな》の子《こ》も男《おとこ》の子《こ》もリエ《りえ》先生《せんせい》が大好《だいす》きだ。リエ《りえ》先生《せんせい》の顔《かお》を見《み》ると元気《げんき》が出《で》る。なぜか、うれしくなるのだ。でも、みんなにもおぼえがあるだろう。好《す》きな人《ひと》の前《まえ》では、へんにはしゃいだりしてしまうものだ。とくに男《おとこ》の子《こ》は、大好《だいす》きなリエ《りえ》先生《せんせい》の前《まえ》に出《で》ると、おちつかなくなって、大声《おおごえ》を出《だ》したりしてしまうのだった。

リエ《りえ》先生《せんせい》にとっても、子《こ》どもにとっても不幸《ふこう》だったのは、この学校《がっこう》には、やかましいのが大《だい》きらいな校長先生《こうちょうせんせい》がいたことだ。四〇歳《よんじゅっさい》くらいで、りっぱなひげを生《は》やしていた。子《こ》どもがさわいだり、大声《おおごえ》をあげたりすると、真《ま》っ赤《か》になってどなる。教室《きょうしつ》では、ぜったいにしずかにしなくてはいけない。校長先生《こうちょうせんせい》は、子《こ》どもにきびしいだけではない。大人《おとな》にもきびしい。子《こ》どもが教室《きょうしつ》でさわぐと、担任《たんにん》の先生《せんせい》までしかられる。だから先生《せんせい》たちも、子《こ》どもにきびしく注意《ちゅうい》したものだ。

子《こ》どもたちが、うれしいことがあって「うわーっ」とかんせいをあげたりすると、すぐに校長先生《こうちょうせんせい》が校長室《こうちょうしつ》から飛《と》び出《だ》してくる。そしてこわい顔《かお》をしてにらみつけ、「しずかにしなさいっ！」とどなるのだ。それだけではない。あとで、職員室《しょくいんしつ》でリエ《りえ》先生《せんせい》に、ネチネチ《ねちねち》とおせっきょうをする。

「いいですか、大石先生《おおいしせんせい》。あなたは、まだお若《わか》いからわからないかもしれません。しかし、子《こ》どもに気《き》をゆるしてはいかんのです。ちょっとゆだんすると、すぐにおちつきをなくします。日《ひ》ごろからきちんとしつけていただかないと……。」

こんなわけで、リエ先生《りえせんせい》もだんだん口《くち》うるさくなった。校長先生《こうちょうせんせい》のおせっきょうがいやだったのだ。先生《せんせい》が口《くち》うるさいと、子《こ》どもはおちつかない。いい子《こ》にしようと思《おも》っても、ついついさわいだり、ちょっかいを出《だ》したりしてしまう。子《こ》どもがおちつかないと、リエ先生《りえせんせい》は、いっそう口《くち》うるさくなる。子《こ》どもは、ますますおちつかない。

リエ先生《りえせんせい》は、しだいに元気《げんき》がなくなった。ねっしんに教《おし》えても、子《こ》どもたちはさわがしい。きちんといすにかけていられない。いろいろな計画《けいかく》を立《た》てても、子《こ》どもはのってこない。わざと先生《せんせい》を困《こま》らせる子《こ》も出《で》てきた。

時間《じかん》が来《き》ても、教室《きょうしつ》に入《はい》らない。じゅぎょう中《ちゅう》にバカ笑《わら》いをつづける。

雨《あめ》の中《なか》で遊《あそ》びまわって、ずぶぬれのまま教室《きょうしつ》に入《はい》る。

黒板《こくばん》に、らくがきをする。

とまあ、こんなぐあいだ。とても頭《あたま》のいいいたずらっ子《こ》がいた。じょうずに悪《わる》さをするのだ。名前《なまえ》は「たけお」という。

ある日《ひ》、たけおは、しんけんな顔《かお》で、リエ先生《りえせんせい》のところへやって来《き》た。

「せんせ、せんせ、たいへんだ。押《お》し入《い》れの中《なか》で、へんなもんが光《ひか》っとるぞ！」

リエ先生《りえせんせい》は「しゅくちょく室《しつ》」へ行《い》ってみた。しゅくちょく室というのは先生《せんせい》が学校《がっこう》にとまる時《とき》の部屋《へや》だ。

「どれ、どこに？」

「ほれ、ずっとおくの方《ほう》に光《ひか》ってるじゃろ。」

「ううん、何《なに》も見《み》えないけど。」

「もっともっとおくの方《ほう》じゃ。」

リエ先生《りえせんせい》が、一番《いちばん》おくまで入《はい》った時《とき》だ。たけおは、押《お》し入《い》れの戸《と》をぴしゃりとしめてしまった。

「あっ、何《なに》するの。たけおくん！」

ガチャン《がちゃん》！

たけおは、押《お》し入《い》れの戸《と》にカギ《かぎ》をかけてしまった。いちもくさんににげ出《だ》した。暗《くら》い押《お》し入《い》れにとじこめられたリエ《りえ》先生《せんせい》が、ほかの先生《せんせい》に助《たす》けてもらったのは、二時間以上《にじかんいじょう》たってからだ。

こんなことがつづくので、リエ《りえ》先生《せんせい》は気《き》がへんになり始《はじ》めた。

「もういや。やめてしまいたい。こんな学校《がっこう》なんか。」

何《なん》べんそう思《おも》ったただろう。でも、がまんした。それは、もう一人《ひとり》の若《わか》い男《おとこ》の先生《せんせい》が好《す》きだったからだ。背《せ》が高《たか》くて、なかなかハンサム《はんさむ》な先生《せんせい》だ。子《こ》どもにも人気《にんき》があった。名前《なまえ》は川藤先生《かわとうせんせい》という。リエ先生《りえせんせい》は、つらいことがあると、川藤先生《かわとうせんせい》にそうだんした。川藤先生《かわとうせんせい》は、教《おし》えたり、なぐさめたりしてくれた。リエ先生《りえせんせい》はすっかり川藤先生《かわとうせんせい》が好《す》きになってしまった。「結婚《けっこん》したい」と思《おも》った。まわりの人《ひと》たちも、「あの二人《ふたり》は、いつ結婚《けっこん》するのだろう」とうわさしたものだ。

悲劇《ひげき》は、寒《さむ》い冬《ふゆ》の日《ひ》に始《はじ》まった。雪《ゆき》のちらつく朝《あさ》、リエ先生《りえせんせい》の姿《すがた》が見《み》えなくなったのだ。みんなで村《むら》じゅうさがした。山《やま》の中《なか》もさがした。さがして、さがして、さがし回《まわ》った。けれど、リエ先生《りえせんせい》は見《み》つからなかった。村《むら》の人《ひと》たちは「かみかくし」にあったのでは、とうわさした。かみかくしにあうと、人《ひと》の姿《すがた》がとつぜん見《み》えなくなってしまう。村《むら》では、ときどき子《こ》どもがかみかくしにあったらしい。しかし、大人《おとな》がかみかくしにあったなんて聞《き》いたことがない。

かわいそうなリエ《りえ》先生《せんせい》は、三日後《みっかご》に発見《はっけん》された。学校《がっこう》の井戸《いど》に身《み》を投《な》げて死《し》んでいたのだ。

自殺《じさつ》の原因《げんいん》は、やんちゃ坊主《ぼうず》たちではない。たしかにリエ《りえ》先生《せんせい》は、子《こ》どもがさわいだり、いたずらしたりするので困《こま》りはてていた。いくら注《ちゅう》意《い》しても聞《き》いてくれないので、途方《とほう》に暮《く》れていた。そして自分自身《じぶんじしん》がなさけなかった。でも、それが原因《げんいん》ではなかった。なんと、川藤先生《かわとうせんせい》と結婚《けっこん》できなくなったのだ。

川藤先生《かわとうせんせい》も、リエ先生《りえせんせい》といっしょになりたいと思《おも》っていた。しかし親《おや》しんせきに大反対《だいはんたい》されて、ほかの人《ひと》と結婚《けっこん》することに決《き》めてしまったらしい。

こんなことがあってから、この井戸《いど》からすすり泣《な》きが聞《き》こえるようになった。子《こ》どもも先生《せんせい》も気味悪《きみわる》がって、学校《がっこう》へ行《い》くのをいやがるようになった。そこで学校《がっこう》は、別《べつ》のところへ引《ひ》っこしてしまった。

もとの学校《がっこう》はくずれおち、まわりには草《くさ》や木《き》が生《は》えた。そして人々《ひとびと》はこの悲《かな》しい話《はなし》を忘《わす》れてしまったのだ。

ところで、この最初《さいしょ》の学校《がっこう》というのは、子《こ》どもの村《むら》の学校《がっこう》の運動場《うんどうじょう》のすみにあった。井戸《いど》は、がけの下《した》にあったと言《い》われている。この村《むら》に新《あたら》しい学校《がっこう》ができたころには、昔《むかし》の建物《たてもの》はあとかたもなかった。しかし石《いし》がきはのこっていた。井戸《いど》は、あとの時代《じだい》の人《ひと》が石《いし》を投《な》げこんで埋《う》めてしまったらしい。今《いま》は、学校《がっこう》のあとも井戸《いど》のあともすっかりけずられて、運動場《うんどうじょう》になっている。ここが昔《むかし》の学校《がっこう》のあとだと知《し》っている人《ひと》も、このごろではほとんどいない。

しかし、新《あたら》しい学校《がっこう》の子《こ》どもたちは知《し》っている。砂場《すなば》のあたりは、なんとなくしめっぽい。雨《あめ》もふらないのに水《みず》がたまる。雨《あめ》のあとは、いつまでも水《みず》が引《ひ》かない。これは、ここに井戸《いど》があったからなのだ。

第《だい》5話《わ》

赤《あか》い刀《かたな》

●織尾《おりお》さんのお墓《はか》

カツーン《かっーん》！

土《つち》の中《なか》で、へんな音《おと》がした。中本《なかもと》さんは「おやっ？」と思《おも》った。もういちどクワ《くわ》をふり下《お》ろした。

カツーン《かっーん》。

また、何《なに》かにあたった。石《いし》とはちがう。中本《なかもと》さんは、こんどは、少《すこ》し力《ちから》をぬいてクワ《くわ》をふり下《お》ろした。

カツン《かつん》。

やっぱり何《なに》かあるらしい。中本《なかもと》さんは少《すこ》しずつ土《つち》をとりのぞいた。たしかに何《なに》か細長《ほそなが》いものが埋《う》まっている。ずいぶん長《なが》い。太《ふと》さは五《ご》センチ《せんち》くらいだろう。ななめに土《つち》の中《なか》にささっている。中本《なかもと》さんは、用心深《ようじんぶか》くまわりの土《つち》をとりのぞきはじめた。二時間《にじかん》もかかって、やっとその細長《ほそなが》いものをほりだした。それは刀《かたな》だった。長《なが》いあいだ土《つち》の中《なか》に埋《う》まっていたらしい。よごれたり、いたんだりしていた。中本《なかもと》さんは、着物《きもの》のそででよごれをふいてみた。さやの色《いろ》は赤《あか》いようだ。さやというのは、刀《かたな》を入《い》れておく細長《ほそなが》いつつだ。中本《なかもと》さんは、その不思議《ふしぎ》な刀《かたな》を家《いえ》へ持《も》って帰《かえ》った。家《いえ》の人《ひと》だけではなくて、村《むら》の人《ひと》たちにも見《み》せた。

赤《あか》いさやの刀《かたな》は、みんなのひょうばんになった。村《むら》じゅうの人《ひと》が見《み》にやって来《き》た。布《ぬの》でみがくと、たしかにさやは赤《あか》くぬられていた。持《も》つところ（つか）は黒《くろ》だ。つばは、昔《むかし》は金色《きんいろ》にかがやいていたにちがいない。

つばというのは、刀《かたな》のつかと刃《は》のさかいの金《きん》ぞくだ。

「こりゃあ、たいしたもんだ。」

「ちゃんとみがくと、きっとよく切《き》れるぞ。」

「どっかのさむらいのものにちがいない。」

村《むら》の人《ひと》たちは、いろいろとうわさした。

「ねうちのわかる人《ひと》が見《み》たら、きっと高《たか》く買《か》ってくれるにちがいない。」

こんなことを言《い》う人《ひと》もいた。うわさを聞《き》きつけて、じろえもんじいさんがやって来《き》た。じろえもんじいさんは、村《むら》でいちばんの物知《ものし》りだ。年《とし》は、もう九〇歳《きゅうじゅっさい》に近《ちか》い。

じいさんは、刀《かたな》を手《て》にとると、じいっと見《み》つめた。ずいぶん長《なが》いあいだ一言《ひとこと》もいわなかった。やがて刀《かたな》を元《もと》のさやにおさめると、白《しろ》いひげを二度《にど》ほどさすって、それから小《ちい》さなためいきをついた。村《むら》の人《ひと》たちは、じいさんの顔《かお》を見《み》つめた。じいさんは、何《なに》も言《い》わなかった。みんなは少《すこ》し不安《ふあん》になった。じいさんが、何《なに》かかくしているようなのだ。

「では、ごめん。」

じいさんは、こしを上《あ》げようとした。

「じろえもんさん。どうしたんじゃ。」

「この刀《かたな》に、なんか悪《わる》いことでもあるんとちがうかの。」

じいさんは、口《くち》ごもった。

「いや、なに。べつに、どうということは……。」

どうもおかしい。じいさんの顔《かお》は真《ま》っ青《さお》だ。村《むら》の人《ひと》たちは、わけを話《はな》してくれとたのんだ。じいさんは、やっと重《おも》い口《くち》を開《ひら》いた。

話《はなし》というのはこうだ。

昔《むかし》、この村《むら》に「上田《うえだ》じゅんのすけ」というさむらいが住《す》んでいた。ぶじゅつにすぐれ、頭《あたま》もよかった。けらいにしてほしい、という男《おとこ》がたくさん集《あつ》まった。じゅんのすけは、山《やま》を切《き》り開《ひら》き、畑《はたけ》を作《つく》った。木《き》も植《う》えた。こうして村《むら》の人《ひと》の暮《く》らしはだんだんよくなっていった。

じゅんのすけは、いつも赤《あか》いさやの刀《かたな》をこしにさしていた。それで、やがて、「赤《あか》ざやのじゅんのすけ」と呼《よ》ばれるようになった。

ところが、ある朝《あさ》、じゅんのすけが山道《やまみち》でたおれているのが見《み》つかった。どこにもけがをしていなかった。あらそったあともない。苦《くる》しんだようすもない。村人《むらびと》は、しんぞうほっさでたおれたとか、毒《どく》をのまされたとか、ようかいにのろわれたとか、いろいろとうわさした。

さて、この村《むら》に、じへいという男《おとこ》がいた。じへいは、ふだんはいい男《おとこ》なのだが、ときどき人《ひと》のものに手《て》を出《だ》す、という悪《わる》いくせがあった。そしてこんども、人々《ひとびと》の目《め》をぬすんで、その赤《あか》い刀《かたな》を、こっそり自分《じぶん》の家《いえ》へ持《も》って帰《かえ》ってしまった。浪速《なにわ》（今《いま》の大阪《おおさか》）かどこかへ持《も》って行《い》って、高《たか》く売《う》ろうとしたのだろう。

ところが、それからじへいの家《いえ》に悪《わる》いことがつづいた。一人息子《ひとりむすこ》が「かみかくし」にあった。おじいさんとおばあさんが、わけのわからないびょうきで死《し》んだ。おかみさんも、マムシ《まむし》にかまれた。じへいは、こわくなった。じゅんのすけのたたりかも知《し》れない。もとの場所《ばしょ》へ赤《あか》い刀《かたな》を返《かえ》しに行《い》くことにした。しかし、その帰《かえ》りに、かっぱにしりのゴンボ《ごんぼ》をぬかれたのだ。

村《むら》の人《ひと》たちは、気味悪《きみわる》くなった。だから、その刀《かたな》には手《て》をふれようとするものはだれ一人《ひとり》いなかった。刀《かたな》は、長《なが》いあいだ道《みち》ばたにほったらかしにされていたのだ。しかし、いつとはなしに行方不明《ゆくえふめい》になってしまった。村《むら》ではかたくやくそくした。子《こ》どもたちにも、きつく言《い》いわたした。

「こんど赤《あか》い刀《かたな》が出《で》て来《き》ても、ぜったいに手《て》をふれてはいけない。」

しかし、何十年《なんじゅうねん》もたつうちに、このおそろしいできごとは、忘《わす》れられてしまった。じろえもんじいさんだけが、子《こ》どものころに聞《き》かされた話《はなし》をおぼえていたのだ。

中本《なかもと》さんは青《あお》くなった。大急《おおいそ》ぎで刀《かたな》を返《かえ》しに走《はし》った。からだがブルブル《ぶるぶる》ふるえた。ふるえるのを必死《ひっし》でこらえて、もとの所《ところ》に刀《かたな》を埋《う》めた。にげるように家《いえ》へ走《はし》って帰《かえ》った。しかし、川《かわ》のふちで足《あし》をすべらせてころび、頭《あたま》を打《う》って死《し》んでしまった。つまずいたのか、それとも、じゅんのすけののろいなのか、それは今《いま》もわからない。

そのあと、中本《なかもと》さんの家《いえ》では、二人《ふたり》の子《こ》どもがかみかくしにあった。おじいさんが、かっぱにしりのゴンボ《ごんぼ》をぬかれた。おばあさんが、マムシ《まむし》にかまれて死《し》んだ。一人《ひとり》っきりになったおかみさんは、家出《いえで》して行方知《ゆくえし》れずになった。住《す》む人《ひと》のなくなった中本《なかもと》さんの家《いえ》は、やがてくずれおちてしまった。

中本《なかもと》さんが刀《かたな》を見《み》つけたのは、子《こ》どもの村《むら》の学校《がっこう》の体育館《たいいくかん》のうしろの、織尾《おりお》さんの「墓《はか》」のあたりだと言《い》われている。まっ暗《くら》やみの日《ひ》に赤《あか》いロウソク《ろうそく》がもえているのを見《み》た、という人《ひと》がある。月夜《つきよ》のばんに、白《しろ》い着物《きもの》を着《き》た女《おんな》が歩《ある》いていた、といううわさもある。

彦谷《ひこたに》の村《むら》は、正式《せいしき》には「橋本市彦谷字赤在《はしもとしひこたにあざあかざい》」という。「赤《あか》ざや」がいつのまにか「赤《あか》ざい」にかわったのだと伝《つた》えられている。

第《だい》6話《わ》

きんたまカーブ《かーぶ》の雪女《ゆきおんな》

●きんたまカーブ《かーぶ》

「えいっ、くそっ！」

「ええい、こんちくしょう！」

「もぉーっ！」

その日《ひ》、彦谷《ひこたに》の区長《くちょう》さんは、ひどくはらを立《た》てていた。かわぐつのそこに雪《ゆき》がくっついて、歩《ある》きにくくて仕方《しかた》がない。橋本《はしもと》の町《まち》で用事《ようじ》をすませて、彦谷《ひこたに》へ帰《かえ》るところだ。昔《むかし》のことだから、まだ車《くるま》はない。それに山《やま》の中《なか》の急《きゅう》な登《のぼ》り道《みち》だ。雪《ゆき》がふって、まわりは真《ま》っ白《しろ》。だんだん寒《さむ》くなる。

「急《いそ》がんといかん。」

区長《くちょう》さんは、ひとりごとを言《い》った。雪道《ゆきみち》で日《ひ》が暮《く》れると大《たい》へんなのだ。何《なん》にも見《み》えなくなる。彦谷《ひこたに》の村《むら》でも、これまでに何人《なんにん》もの人《ひと》が、雪《ゆき》の日《ひ》に道《みち》にまよった。とうとう帰《かえ》って来《こ》なかった人《ひと》もある。山《やま》おくにまよいこんだり、谷底《たにぞこ》へ落《お》ちたりして死《し》んだのだ。

雪《ゆき》はふり止《や》まない。区長《くちょう》さんは、二《に》、三歩《さんぽ》ごとに立《た》ち止《ど》まった。足《あし》で地面《じめん》をトントン《とんとん》として雪《ゆき》を落《お》とす。早《はや》く帰《かえ》らなくてはと、気《き》があせる。

しかし、そうしないと歩《ある》けないのだ。

「よし、いっそのこと……」

区長《くちょう》さんは、くつをぬいでしまった。すごく冷《つめ》たい！　がまんして歩《ある》いてみる。雪《ゆき》はつかない。でも、くつ下《した》がすべって歩《ある》きにくい。区長《くちょう》さんは、くつ下《した》もぬいだ。足《あし》は、こおるように冷《つめ》たい。「冷《つめ》たい」というより「いたい」と言《い》った方《ほう》がよい。しかし、雪道《ゆきみち》で「行《い》きだおれ」になるよりはましだ。足先《あしさき》がしびれてきた。冷《つめ》たいのも感《かん》じなくなってしまった。区長《くちょう》さんは、ぬいだかわぐつを手《て》に持《も》ち、ぶつぶつと雪《ゆき》をのろいながら山道《やまみち》を急《いそ》いだ。

おそろしいできごとは、そのすぐあとに起《お》こった。

国道《こくどう》から彦谷《ひこたに》への道《みち》に入《はい》ってすぐに、あの急《きゅう》なS字《えすじ》カーブ《かーぶ》がある。その

カーブ《かーぶ》を上《のぼ》って少《すこ》し歩《ある》くと、両側《りょうがわ》が山《やま》になっている所《ところ》がある。そこまで来《き》た時《とき》だ。区長《くちょう》さんは、まばたきした。何《なに》かが見《み》えたような気《き》がした。だれかが立《た》っているみたいだ。雪《ゆき》がちらついて、よく見《み》えない。区長《くちょう》さんは、ほっとした。村《むら》まで道連《みちづ》れができた。そう思《おも》ったのだ。

「えらい雪《ゆき》じゃのう。」

区長《くちょう》さんはそう言《い》って、その人《ひと》のかげに近《ちか》づいて行《い》った。人《ひと》かげは、だんだん大《おお》きくはっきりしてきた。白《しろ》い着物《きもの》を着《き》ている。なんだかゆらゆらしているようにも見《み》える。そのとき、雪《ゆき》が止《や》んだ。そのしゅんかん、区長《くちょう》さんは、ゾーッ《ぞーっ》として、見動《みうご》きできなくなった。背中《せなか》を冷《つめ》たいものが走《はし》った。

若《わか》い女《おんな》が道《みち》ばたに立《た》っているのだ。長《なが》いかみは真《ま》っ黒《くろ》。顔《かお》は真《ま》っ白《しろ》で、引《ひ》きずるほど長《なが》い着物《きもの》を着《き》ている。目《め》は金色《きんいろ》に光《ひか》り、口《くち》もとは血《ち》のように赤《あか》かった。おそろしい顔《かお》だ。でも、こおるように美《うつく》しい。女《おんな》は、つきささるような、しかし、悲《かな》しげな目《め》で区長《くちょう》さんを見《み》つめた。そして、すんだ声《こえ》でささやいたのだ。

「区長《くちょう》さん、あたしといっしょに来《き》て。」

区長《くちょう》さんの足《あし》は、自然《しぜん》と女《おんな》のほうに向《む》いていた。女《おんな》は、ゆらゆらとゆれるように、山《やま》の中《なか》へ入《はい》って行《い》った。足《あし》ははだしだ。一〇〇《ひゃく》メートル《めーとる》ほど入《はい》った時《とき》だ。風《かぜ》がひゅーとふいた。すぐそばの高《たか》い木《き》から、雪《ゆき》がばさばさと落《お》ちてきた。区長《くちょう》さんは、ハッ《はっ》とわれに返《かえ》った。

「えらいこっちゃ！」

区長《くちょう》さんは、ゾーッ《ぞーっ》として、いちもくさんに逃《に》げ出《だ》した。何《なん》べんころんだだろう。走《はし》って走《はし》って、やっとのことで彦谷《ひこたに》の家《いえ》まで帰《かえ》りつくと、ごはんも食《た》べないで、ふとんをかぶって寝《ね》てしまった。もちろん手《て》に持《も》っていたかわぐつも、町《まち》で買《か》った品物《しなもの》も、どこで落《お》としたのかさっぱりわからない。

次《つぎ》の日《ひ》の朝《あさ》、区長《くちょう》さんは、家《いえ》の人《ひと》にきのうのできごとを話《はな》した。しかし、だれも信《しん》じてくれない。みんな笑《わら》って相手《あいて》にしない。

「そんなアホ《あほ》な。夢《ゆめ》でも見《み》たんだろう。」

「しっかりせえよ。気《き》はたしかか？」

そう言《い》われると、区長《くちょう》さんも自信《じしん》がなくなってきた。カーブ《かーぶ》の上《うえ》から下《した》まで、何度《なんど》も行《い》ったり来《き》たりしてみた。すると雪《ゆき》の中《なか》にかわぐつが片方埋《かたほう》もれていた。少《すこ》しはなれた所《ところ》から、もう片方《かたほう》も出《で》てきた　区長《くちょう》さんは、雪《ゆき》がばさばさっと落《お》ちてきたあたりまで行《い》ってみた。

「たしか、このへんの木《き》だったがなあ。」

そう言《い》って区長《くちょう》さんは、その大《おお》きな木《き》を見上《みあ》げた。

「ひぃーっ！」

区長《くちょう》さんは、悲鳴《ひめい》をあげた。気《き》が遠《とお》くなった。その大《おお》きな木《き》の枝《えだ》に、若《わか》い女《おんな》が首《くび》をつって死《し》んでいたのだ。白《しろ》い長《なが》い着物《きもの》のすそから青白《あおじろ》いはだしの足《あし》がのぞいていた。

村《むら》じゅうが大《おお》さわぎになった。首《くび》をつったのは、ふもとの赤塚村《あかつかむら》の娘《むすめ》だ。名前《なまえ》は「かよ」という。大阪《おおさか》から来《き》た男《おとこ》が好《す》きになって、だまされ、うらぎられて、気《き》がへんになってしまったのだ。かよは、区長《くちょう》さんに会《あ》ってから死《し》んだのか、それとも区長《くちょう》さんが来《く》る前《まえ》に首《くび》をつっていたのか。それは、だれにもわからない。

区長《くちょう》さんは、ときどきこのおそろしいできごとを人《ひと》に話《はな》して聞《き》かせる。そして、いつもきまって、こんなふうに話《はなし》をしめくくるのだ。

「いやあ、こわかったのなんのって。からだじゅう、氷《こおり》みたいになってなあ。きんたまも、ちぢみ上《あ》がってしもうた。」

それからは、だれが言《い》い出《だ》すともなく、あの急《きゅう》カーブ《かーぶ》を「きんたまカーブ《かーぶ》」と言《い》うようになったのだ。

第《だい》7話《わ》

国城山《くにきさん》のキツネ《きつね》

●山《やま》の家《いえ》

紀伊清水《きいしみず》の駅《えき》から国城山《くにきさん》に向《む》かって山道《やまみち》を登《のぼ》ると、左手《ひだりて》に古《ふる》い家《いえ》が一軒見《いっけんみ》えてくる。歩《ある》けば一時間《いちじかん》、車《くるま》なら一〇分《じゅっぷん》ほどだ。まわりにはたくさんの柿《かき》の木《き》があって、秋《あき》には見事《みごと》な実《み》をつける。うしろをふりかえると、はるか下《した》に紀《き》の川《かわ》が流《なが》れ、橋本《はしもと》と高野口《こうやぐち》の町《まち》が広《ひろ》がっている。

この古《ふる》い家《いえ》には看板《かんばん》がかかっている。

「きのくに子《こ》どもの村山《むらやま》の家《いえ》」

だいぶはげてきていて、ところどころにひびが入《はい》っている。

そのとおり。ここは、きのくに子《こ》どもの村学園《むらがくえん》の発祥《はっしょう》の地《ち》なのだ。学校《がっこう》ができるより七年《しちねん》も前《まえ》、ほりさんやまるちゃんたちが、ここで小学生《しょうがくせい》のために合宿《がっしゅく》を始《はじ》めた。夏休《なつやす》みや春休《はるやす》みになると、たくさんの子《こ》どもがやって来《き》て、遊《あそ》んだり、工作《こうさく》をしたり、食事《しょくじ》の用意《ようい》をしたりしたのだ。夜《よる》の散歩《さんぽ》やきもだめしも人気《にんき》があった。「山《やま》の家《いえ》なべ」は、このころに考《かんが》え出《だ》されたものである。

子《こ》どもの村《むら》の学校《がっこう》は、国城山《くにきさん》ではなくて、彦谷《ひこたに》の村《むら》にできることになった。しかし、学校《がっこう》ができたあとも、子《こ》どもたちは「山《やま》の家《いえ》」が大好《だいす》きだ。どのクラス《くらす》でも一年《いちねん》に一回《いっかい》は泊《と》まりにくる。きもだめしや「山《やま》の家《いえ》なべ」は、今《いま》もつづいている。たたみも新《あたら》しくなって、気持《きも》ちがいい。

さて、山《やま》の家《いえ》が始《はじ》まったころ、少《すこ》し下《した》のカーブ《かーぶ》のところに小《ちい》さな小屋《こや》があった。今《いま》では金属製《きんぞくせい》のものおきが置《お》いてあるあたりだ。消防《しょうぼう》ポンプ《ぽんぷ》がしまってあったのだが、地元《じもと》の人《ひと》たちは、なぜかこれを「お稲荷《いなり》さん」と呼《よ》んでいた。お稲荷《いなり》さんというのは、キツネの神様《かみさま》をおまつりする神社《じんじゃ》のことだ。

火事《かじ》を消《け》すためのポンプ《ぽんぷ》の倉庫《そうこ》なのに、どういうわけで「お稲荷《いなり》さん」と言《い》うのだろう。

山《やま》の家《いえ》の持《も》ち主《ぬし》は木下《きのした》さんという。合宿《がっしゅく》に来《き》た小学生《しょうがくせい》が木下《きのした》さんにたずねてみた。「お稲荷《いなり》さん」と呼《よ》ばれるわけは、すぐにわかった。

そのころから八〇年《はちじゅうねん》ほど前《まえ》のことだ。どういうわけか、この小《ちい》さな小屋《こや》が少《すこ》しずつかたむき始《はじ》めた。かたむくと言《い》うほどではないかもしれないが、ちょっとずついびつになってきたのだ。村《むら》の人《ひと》たちは不思議《ふしぎ》に

第7話　国城山《くにきさん》のキツネ《きつね》

思《おも》って中《なか》を調《しら》べてみた。建物全体《たてものぜんたい》がゆがんできているので、入口《いりぐち》の戸《と》はギシギシ《ぎしぎし》いってなかなか開《ひら》かない。無理《むり》やりひっぱって、ようやく開《ひら》いたその時《とき》だ。中《なか》から何《なに》かがすごいいきおいで飛《と》び出《だ》してきた。みんなはびっくり仰天《ぎょうてん》。しりもちをついている間《あいだ》に、そいつは姿《すがた》を消《け》した。大《おお》きなしっぽが見《み》えた。キツネ《きつね》にまちがいない。

村《むら》の人《ひと》たちは「はっ」と気《き》がついた。そういえば、村《むら》のあちこちの建物《たてもの》が少《すこ》しゆがんでいるような気《き》がする。与助《よすけ》じいさんの家《いえ》のはなれ、清三郎《せいざぶろう》どんのうちのものおき、喜作《きさく》さんの水車小屋《すいしゃごや》……。これらがどういうわけか少《すこ》しずついびつになってきた。みんなで調《しら》べることになった。手《て》に手《て》に棒《ぼう》を持《も》って、それらの建物《たてもの》の戸《と》を開《あ》けてみた。すると、どうだ。

そのどれからもでっかいキツネ《きつね》が飛《と》び出《だ》してきたてではないか。天《てん》井裏《じょううら》や床下《ゆかした》にひそんでいたのだ。

よーく見《み》ると、キツネ《きつね》の住《す》みついていた建物《たてもの》は、どれもこれも、なぜかちょっとずついびつになっている。キツネ《きつね》が住《す》むと、どうして家《いえ》や小屋《こや》がゆがむのだろうか。それは今《いま》もナゾ《なぞ》のままだ。とにかくゆがんだ家《いえ》や小屋《こや》は、キツネ《きつね》が

住《す》んでいるか、あるいは以前《いぜん》に住《す》んでいたかのどちらかなのだ。子《こ》どもの村《むら》のみんなも、この次《つぎ》に山《やま》の家《いえ》へ行《い》ったら、あたりをよく調《しら》べてみるといい。どう見《み》てもまっすぐではないような気《き》がするだろう。

ところで、キツネ《きつね》たちはたいそう腹《はら》を立《た》てていた。せっかく住《す》みついたところから追《お》い出《だ》されてしまったからだ。キツネ《きつね》たちは寄《よ》り合《あ》いを開《ひら》いた。寄《よ》り合《あ》いというのは、今《いま》のことばで言《い》えばミーティング《みーてぃんぐ》みたいなものだ。

「ちくしょう、くやしいなあ。」

「せっかく気持《きも》ちよく住《す》んでいたのに。」

「このままですますわけにはいかん。」

「何《なん》とか人間《にんげん》どもに仕返《しかえ》しをせんことには。」

「そうだ、そうだ。」

「ヒ《ひ》ソ《そ》ヒ《ひ》ソ《そ》ヒ《ひ》ソ《そ》……、ヒ《ひ》ソ《そ》ヒ《ひ》ソ《そ》ヒ《ひ》ソ《そ》……。」

「うん、いい考《かんが》えがあるぞ。」

「そいつはうまい考《かんが》えだ。」

「ヒ《ひ》ソ《そ》ヒ《ひ》ソ《そ》ヒ《ひ》ソ《そ》……、ヒ《ひ》ソ《そ》ヒ《ひ》ソ《そ》ヒ《ひ》ソ《そ》……。」


みなさんは、キツネ《きつね》は人《ひと》を化《ば》かす、という話《はなし》を知《し》っているだろう。夜《よる》おそくに一人《ひとり》で歩《ある》いていると、キツネ《きつね》がいたずらをするのだ。たとえば良平《りょうへい》じいさん。ある時《とき》、真夜中《まよなか》に町《まち》から登《のぼ》ってくると、柳《やなぎ》の木《き》の下《した》か

郵便はがき

料金受取人払郵便

名古屋中局
承認

45

差出有効期間
2023年3月
20日まで

460－8790

413

名古屋市中区
丸の内三丁目6番27号
（EBSビル8階）

黎明書房 行

購入申込書

●ご注文の書籍はお近くの書店よりお届けいたします。ご希望書店名をご記入の上ご投函ください。（直接小社へご注文の場合は代金引換にてお届けします。2500円未満のご注文の場合は送料800円，2500円以上10000円未満の場合は送料300円がかかります。〔税10%込〕10000円以上は送料無料。）

（書名）	（定価） 円	（部数） 部
（書名）	（定価） 円	（部数） 部

ご氏名　　　TEL.

ご住所 〒

ご指定書店名（必ずご記入ください。）	取次・番線印	この欄は書店または小社で記入します。
書店住所		

愛読者カード

—

今後の出版企画の参考にいたしたく存じます。ご記入のうえご投函くださいますようお願いいたします。新刊案内などをお送りいたします。

書名	

1. 本書についてのご感想および出版をご希望される著者とテーマ

※上記のご意見を小社の宣伝物に掲載してもよろしいですか？

□ はい　□ 匿名ならよい　□ いいえ

2. 小社のホームページをご覧になったことはありますか？ □ はい □ いいえ

※ご記入いただいた個人情報は，ご注文いただいた書籍の配送，お支払い確認等の連絡および当社の刊行物のご案内をお送りするために利用し，その目的以外での利用はいたしません。

ご氏名《ふりがな》　　年齢　　歳

ご職業　　（男・女）

（〒　　　）

ご住所

電　話

ご購入の書店名		ご購読の新聞・雑誌	新聞（　　） 雑誌（　　）

本書ご購入の動機（番号を○で囲んでください。）

1. 新聞広告を見て（新聞名　　　）
2. 雑誌広告を見て（雑誌名　　　）　3. 書評を読んで
4. 人からすすめられて　5. 書店で内容を見て　6. 小社からの案内
7. その他（　　　）

ご協力ありがとうございました。

らきれいな娘《むすめ》さんがあらわれた。

「良平《りょうへい》おじさん。その背中《せなか》の荷物《にもつ》はなあーに。」

「これはな、あぶらげじゃよ。町《まち》で買《か》ってきたばかりだ。」

「それを私《わたし》に売《う》ってくださらない。五両《ごりょう》でいいかしら。」

「そんなにもらってもいいのかい？」

「もちろんよ。」

良平《りょうへい》じいさんは、五枚《ごまい》の小判《こばん》を持《も》って大《おお》よろこびで家《いえ》へ帰《かえ》った。しかし、朝《あさ》になってよく見《み》ると、なんと、それは小判《こばん》などではなくて柿《かき》の木《き》の葉《は》っぱだったのだ。

このほかにもだまされた人《ひと》は少《すく》なくない。正太郎《しょうたろう》どんは、夜道《よみち》でふと見《み》たら温泉《おんせん》が湧《わ》いていたので、さっそく着物《きもの》を脱《ぬ》いで「ああ、いい湯《ゆ》だなあ」などといい気分《きぶん》にひたってると、急《きゅう》にお湯《ゆ》が冷《つめ》たくなってしまった。あわてて外《そと》へ出《で》てみると、それは温泉《おんせん》ではなくて、ただの川《かわ》だった。それだけではない。なんと、お金《かね》を入《い》れておいた財布《さいふ》がなくなっているではないか。

文次郎《ぶんじろう》さんの場合《ばあい》は、「おーい、今《いま》、帰《かえ》ったぞー」と玄関《げんかん》の戸《と》を開《あ》けたら、それは隣《となり》のそのまた隣《となり》の家《いえ》だった。

夜《よる》、道《みち》ばたにきれいな着物《きもの》が落《お》ちていたのでよろこんでうちへ持《も》って帰《かえ》ったら、これが、藁《わら》であんだむしろだったというのは、双子《ふたご》のきょうだいの「ミサ《みさ》ばあさん」と「イク《いく》ばあちゃん」だ。

さて、住《す》みかを追《お》われたキツネ《きつね》たちは、どのように村人《むらびと》に仕返《しかえ》しを始《はじ》めただろう。これがなかなか手《て》のこんだやり方《かた》だった。まず、どこかにかくれていて、人《ひと》が来《く》ると、こっそりマジナイ《まじない》をとなえる。それから慎重《しんちょう》に術《じゅつ》をかける。なんと、いろいろなものをゆがませるというやっかいな術《じゅつ》だ。顔全体《かおぜんたい》がゆがんだ人《ひと》、鼻《はな》が右《みぎ》か左《ひだり》のどちらかを向《む》くようになった人《ひと》など被害《ひがい》はさまざまだ。顔《かお》だけではない。持《も》ち物《もの》がゆがんだ人《ひと》もある。四角《しかく》い重箱《じゅうばこ》がひし形《がた》になったり、ピンポン玉《ぴんぽんだま》が玉子型《たまごがた》になったり……。これをやられると、もとにもどるのに、少《すく》なくとも二《に》、三《さん》か月《げつ》はかかる。村《むら》の人《ひと》たちは困《こま》ってしまった。

今度《こんど》は村《むら》の人《ひと》たちが寄《よ》り合《あ》いを開《ひら》いた。キツネ《きつね》どもに仕返《しかえ》しをしてやらなくっちゃ。みんなで頭《あたま》をひねった。なかなかいい知恵《ちえ》が浮《う》かばない。キツネ《きつね》のために特別《とくべつ》の家《いえ》を建《た》ててやろうと言《い》う人《ひと》もいた。いつもあぶらげを持《も》ち歩《ある》いて、どうもおかしいなあと思《おも》ったら、そいつをほうり投《な》げて逃《に》げて帰《かえ》ったらどうか……などなど。しかし、どれもお金《かね》がかかる。「国城山《くにきさん》へ行《い》けばいいことがあるらしい」というので、あっちこっちからキツネ《きつね》が集《あつ》まってきたらまずい。このまま家《いえ》がゆがみつづけるのも困《こま》る。えらいことだ。仕方《しかた》がない。だまされないように気《き》をつけるしかないか。

しかし、そうは言《い》っても、だまされないようにするにはどうしたらいいいのだろう。みんなでいろいろと研究《けんきゅう》をかさねた。お年寄《としよ》りにたずねたり、古《ふる》い本《ほん》を調《しら》べたりもした。すると、ひとつだけはっきりしたことがある。

キツネ《きつね》というやつは、人《ひと》を化《ば》かす前《まえ》に、かならずその人《ひと》の眉毛《まゆげ》をかぞえる。かぞえられてしまうと、もうおそい。どんなに注意深《ちゅういぶか》い人《ひと》でもだまされてしまう。

それからというものは、村《むら》の人《ひと》は夜道《よみち》を歩《ある》くときには帽子《ぼうし》を深《ふか》くかぶったり、ヘアバンド《へあばんど》でかくしたりするようになった。帽子《ぼうし》やヘアバンド《へあばんど》がない時《とき》はどうするか。眉毛《まゆげ》につばをつけて、指《ゆび》でなでつける。こうすればさすがのキツネ《きつね》もかんたんにかぞえるわけにはいかない。

現代《げんだい》でも、うたがわしい話《はなし》や、信《しん》じがたいことを「まゆつばもの」と言《い》うだろう。そうなのだ。この「まゆつばもの」という言《い》い方《かた》は、国城山《くにきさん》のキツネ《きつね》騒動《そうどう》から生《う》まれたことばなのだ。

それはともかく、家《いえ》がかたむいたり顔《かお》がゆがんだりすることは少《すく》なくなったという。しかし、まったくなくなったわけではない。今《いま》でもときどきやられる人《ひと》があるらしい。最近《さいきん》は、以前《いぜん》よりふえてきているという話《はなし》だ。とくに十五夜《じゅうごや》とその前後《ぜんご》には気《き》をつけたほうがよい。眉毛《まゆげ》をかぞえられて化《ば》かされてはかなわない。

それにしても、キツネ《きつね》たちは、人《ひと》を化《ば》かす前《まえ》になぜ眉毛《まゆげ》をかぞえるのか、それは今日《こんにち》でも大《おお》きなナゾ《なぞ》である。

第《だい》8話《わ》

彦谷《ひこたに》の青《あお》ギツネ《ぎつね》

●トッシー《とっしー》の池《いけ》

昔《むかし》、彦谷《ひこたに》と橋本《はしもと》の町《まち》の間《あいだ》には、大《おお》きな池《いけ》が三《みっ》つあった。三《みっ》つの池《いけ》には、かいじゅうが一《いっ》ぴきずつ住《す》んでいた。それぞれ名前《なまえ》を、ハッシー《はっしー》、モッシー《もっしー》、トッシー《とっしー》といった。三《さん》びきは、きょうだいであった。

いちばん上《うえ》のハッシー《はっしー》と二《に》ばんめのモッシー《もっしー》は、とてもおとなしいかいじゅうだ。人間《にんげん》たちからも好《す》かれていた。ところが末《すえ》っ子《こ》のトッシー《とっしー》だけは、どういうわけか、大変《たいへん》なあばれんぼうなのだ。しょっちゅうらんぼうをはたらいて、みんなを困《こま》らせていた。

人《ひと》が通《とお》りかかると、池《いけ》の中《なか》からへんな声《こえ》を出《だ》したり、水《みず》をかけたりする。これくらいは、まだよい。時《とき》には、木材《もくざい》をいっぱいつんだ車《くるま》を、池《いけ》の中《なか》に引《ひ》きずりこむ。石《いし》がきをくずして、道《みち》を通《とお》れなくしたりする。もっとひどくなると、村《むら》までやって来《き》て、実《みの》りはじめた柿《かき》やミカン《みかん》をそっくりとっていく。建《た》て始《はじ》めたばかりの家《いえ》をたおしたりもする。とっても悪《わる》いかいじゅうなのだ。兄《あに》のハッシー《はっしー》やモッシー《もっしー》が、「そんなことをしてはいけない」と言《い》いきかせるのだけれど、いっこうにききめがない。村《むら》の人《ひと》たちは困《こま》りはてていた。

そんなある日《ひ》、村《むら》を通《とお》りかかった旅人《たびびと》が、トッシー《とっしー》のことを聞《き》いて、こんなことを教《おし》えてくれた。

「はりまの国《くに》に『かいじゅう神社《じんじゃ》』というお宮《みや》さんがあります。そこの神様《かみさま》は、かいじゅうのことにはとてもくわしい。一度《いちど》お参《まい》りをして、どうしたらいいか教《おし》えてもらったらどうですか。」

さっそく村《むら》の代表《だいひょう》が、かいじゅう神社《じんじゃ》にお参《まい》りに出《で》かけた。帰《かえ》ってきた代表《だいひょう》の話《はなし》はこうだ。

「神様《かみさま》に、どうしたらいいか教《おし》えてくださいと、いっしょうけんめいお願《ねが》いしたのじゃ。そしたら、神様《かみさま》の声《こえ》が聞《き》こえてのう。おっしゃるには、『村《むら》には、おはるという名前《なまえ》の若《わか》い娘《むすめ》がおるであろう。その娘《むすめ》をトッシー《とっしー》にさし出《だ》すがよい。そうすれば、トッシー《とっしー》もおとなしくなるであろう。』とおっしゃった。」

さあ、村《むら》の人《ひと》たちは困《こま》った。おはるというのは、村《むら》いちばんのきりょうよしで、そのうえ気立《きだ》てもよい。だれからもかわいがられていた。そんなかわいい娘《むすめ》を、あんならんぼうものにやるわけにはいかない。それだけではない。おはるには、好《す》きな男《おとこ》がいるのだ。名前《なまえ》を直次《なおじ》という。これも、やさしくて、その上《うえ》はたらきものでひょうばんの若者《わかもの》だ。二人《ふたり》は、「きっとめおとになろう」とかたくちかい合《あ》っていた。そんな若者《わかもの》と娘《むすめ》を不幸《ふこう》にするわけにはいかない。

しかし、とうとうある日《ひ》、村《むら》の人《ひと》は、いやがるおはるをなわでしばって、トッシー《とっしー》の池《いけ》にほうりこんでしまった。たちまちトッシー《とっしー》のらんぼうはおさまった。村《むら》の人《ひと》も橋本《はしもと》の人《ひと》もよろこんだ。しかし、いいことだけではなかった。直次《なおじ》が、おはるの家《いえ》のそばで首《くび》をつって死《し》んでしまった。そして、それから毎日《まいにち》のように、夜《よる》になると、トッシー《とっしー》の池《いけ》から女《おんな》の声《こえ》が聞《き》こえるようになったのだ。

「なおじさーん、なおじさーん。」

その声《こえ》を耳《みみ》にした人《ひと》はみな、どうしようもなく悲《かな》しくなって、涙《なみだ》がボタボタ《ぼたぼた》ながれ、一歩《いっぽ》も歩《ある》けなくなる。村人《むらびと》たちは、今度《こんど》は土《つち》や石《いし》をいっぱい運《はこ》んできて、何《なん》か月《げつ》もかけて池《いけ》を埋《う》めてしまった。いよいよ池《いけ》がなくなるという時《とき》のことだ。水《みず》の中《なか》から真《ま》っ青《さお》に光《ひか》るキツネ《きつね》が飛《と》び出《だ》して、彦谷《ひこたに》の村《むら》に向《む》かって、いちもくさんに走《はし》り去《さ》ったという。

その時《とき》からだ。彦谷《ひこたに》の村《むら》で、三日月《みかづき》の出《で》るころに「なおじさーん」と言《い》う女《おんな》の声《こえ》が聞《き》こえるようになったのは。村《むら》の人《ひと》は、その声《こえ》を聞《き》くと、とっても悲《かな》しくなって、大《おお》きなためいきをつく。

「かわいそうに。おはるは、直次《なおじ》が首《くび》をつったのも知《し》らんで、今夜《こんや》も直次《なおじ》に会《あ》いたがっているんだよ。」

彦谷《ひこたに》で、三日月《みかづき》の夜《よる》に青《あお》く光《ひか》るものが動《うご》いたら、それは、たぶん、あの青《あお》ギツネ《ぎつね》だろう。おいかけたり、石《いし》を投《な》げたりしないで、そおーっとしておいてあげてほしい。

ところで橋本《はしもと》という町《まち》の名前《なまえ》は、三《さん》びきのかいじゅうの名前《なまえ》からついたという話《はなし》も伝《つた》わっている。「ハッシー《はっしー》、モッシー《もっしー》、トッシー《とっしー》」がみじかくなって、「ハッシモッシトッシ《はっしもっしとっし》」となって、それから「ハシモト《はしもと》」となったらしい。ほんとかどうかはわからない。

第《だい》9話《わ》

ポコ《ぽこ》のたからもの

●村《むら》の西《にし》の山《やま》

第９話　ポコ《ぽこ》のたからもの

むかーしむかし、彦谷《ひこたに》の村《むら》の近《ちか》くに、一《いっ》ぴきのタヌキ《たぬき》が住《す》んでいた。名前《なまえ》をポコ《ぽこ》という。かわいいタヌキ《たぬき》だ。いたずらもする。しかし、「それがまたかわいい、にくめない」と人気者《にんきもの》のタヌキ《たぬき》なのだ。

ポコ《ぽこ》は、いたずらをするだけではない。村《むら》の人《ひと》のおてつだいもした。たとえば、とり入《い》れたモミ《もみ》をつつきにくるスズメ《すずめ》をおいはらったりする。下《した》の村《むら》から上《うえ》の村《むら》へ手紙《てがみ》をとどけることもあった。時《とき》には、子《こ》どもたちと遊《あそ》んだりもしたらしい。

さて、ある日《ひ》ポコ《ぽこ》にたいへんな「こううん」が二《ふた》つまいこんだ。

一《ひと》つは、小判《こばん》（金貨《きんか》）が五《ご》まいも手《て》に入《はい》ったことだ。ある月《つき》の夜《よる》、谷《たに》間《ま》の道《みち》で苦《くる》しんでいる旅人《たびびと》に、水《みず》を汲《く》んできてあげたのだ。元気《げんき》になった旅人《たびびと》がとても喜《よろこ》んで、こんな大金《たいきん》をくれたのだ。ポコ《ぼこ》は、なくしてはいけない、とられてはいけないと、このお金《かね》を山《やま》のちょうじょう近《ちか》くの土《つち》に埋《う》めた。もちろん石《いし》で目《め》じるしも作《つく》っておいた。

もう一《ひと》つは、恋人《こいびと》ができたことだ。名前《なまえ》はアポコ《あぽこ》という。ふだんは、国城山《くにきさん》という山《やま》に住《す》んでいる。二《に》ひきのタヌキ《たぬき》は、丹生川《にゅうがわ》のほとりで出会《であ》って、おたがいにすっかり気《き》に入《い》ってしまった。ポコ《ぼこ》とアポコ《あぽこ》は、「次《つぎ》の満月《まんげつ》の夜《よる》に結婚《けっこん》しよう」とちかい合《あ》った。

待《ま》ちに待《ま》った満月《まんげつ》の夜《よる》がやってきた。アポコ《あぽこ》は、この日《ひ》のために、せいいっぱいのごちそうを用意《ようい》した。すばらしいごちそうだった。ポコ《ぼこ》の口《くち》から、思《おも》わずよだれが出《で》た。でも、少《すこ》し不安《ふあん》になった。それは、ラッキョウ《らっきょう》りょうりが入《はい》っていたからだ。

ポコ《ぽこ》は、死《し》んだ母親《ははおや》から言《い》われていた。

「いいかい。ポコ《ぽこ》や。昔《むかし》からの言《い》い伝《つた》えだよ。このうちの者《もの》は、ラッキョウ《らっきょう》だけはぜったいに食《た》べてはいけない。この言《い》い伝《つた》えだけ

は、ちゃんと守《まも》るんだよ。」

「でも、おかあさん。どうしてラッキョウ《らっきょう》はいけないの？」

「それはね、ラッキョウ《らっきょう》を食《た》べると、もの忘《わす》れがひどくなるからだよ。」

しかし、心《こころ》のやさしいポコ《ぽこ》は、アポコ《あぽこ》をがっかりさせたくなかった。

それに、少《すこ》しくらいならいいだろう、と思《おも》った。だから、ラッキョウり《らっきょう》ょうりにも手《て》をつけたのだ。少《すこ》し食《た》べてみると、意外《いがい》においしい。少《すこ》しだけと思《おも》っているうちに、なんと、みんな平《たい》らげてしまった。

「じつはね、アポコ《あぽこ》。すごい大金《たいきん》が手《て》に入《はい》ったんだ。旅《たび》の人《ひと》を助《たす》けたらね、小判《こばん》を五《ご》まいもくれたんだよ。」

食事《しょくじ》が終《お》わったあと、ポコ《ぽこ》がきりだした。

「えっ、ほんと。どこに？」

「彦谷《ひこたに》の山《やま》さ……。」

そう言《い》いかけて、ポコ《ぽこ》は「あっ」と悲鳴《ひめい》を上《あ》げた。

思《おも》い出《だ》せないのだ。彦谷《ひこたに》の山《やま》というのはおぼえている。だけど、どの山《やま》だったっけ。村《むら》のすぐ西《にし》の山《やま》だったような……。しかし、どうしても思《おも》い出《だ》せない。ポコ《ぽこ》は、目《め》じるしの石《いし》を立《た》てたことさえ、すっかり忘《わす》れてしまったのだ。

ポコ《ぽこ》とアポコ《あぽこ》は、それからまいばん、彦谷《ひこたに》の山《やま》をさがし回《まわ》った。一年《いちねん》も二年《にねん》も三年《さんねん》も……。でも、どうしても見《み》つからない。やがて子《こ》どもが生《う》まれた。それでも思《おも》い出《だ》せない。そのうち年《とし》をとって「もう長《なが》くは生《い》きられない」と思《おも》うようになった。ポコ《ぽこ》は、子ダヌキ《こだぬき》を呼《よ》んで、小判《こばん》の話《はなし》をした。そして、よくよく言《い》いきかせた。

「いいか。よく聞《き》くんだぞ。そして、ほかのタヌキ《たぬき》に言《い》うんじゃないぞ。あのお金《かね》は、たしかに彦谷《ひこたに》の西《にし》がわの山《やま》のどこかだ。だれにも見《み》つからないように、こっそりさがすんだ。それからもう一《ひと》つ、ぜったいにラッキョウ《らっきょう》は食《た》べてはいけない。」

ポコ《ぽこ》とアポコ《あぽこ》の子《こ》どもたちは、親《おや》が死《し》んだあとも、ずっと小判《こばん》をさがしつづけた。でも、見《み》つからなかった。そして、そのまた子《こ》どもたちに言《い》いのこした。

「彦谷《ひこたに》の西《にし》がわの山《やま》をさがせ。そして、ラッキョウ《らっきょう》は口《くち》にしてはいかん。」

その子ダヌキ《こだぬき》も、自分《じぶん》の子《こ》どもに、同《おな》じようにゆいごんをのこした。

その子ダヌキ《こだぬき》にも、そのまた子ダヌキ《こだぬき》にも……。

こんなわけで、彦谷《ひこたに》の村《むら》のまわりでは、ポコ《ぽこ》とアポコ《あぽこ》の孫《まご》のそのまた孫《まご》たちが、今《いま》も金貨《きんか》をさがしつづけている。

そして彦谷《ひこたに》では、心《こころ》のやさしい人《ひと》は、ラッキョウ《らっきょう》を食《た》べたりはしない。

ラッキョウ《らっきょう》のにおいがすると、タヌキ《たぬき》たちが村《むら》に近《ちか》づけないからだ。

第《だい》10話《わ》

彦谷《ひこたに》の天狗《てんぐ》

●ひこばえの里《さと》

「おや、おかしいな。どうしてでしょう。これで五人《ごにん》めですよ。」

「先生《せんせい》、何《なに》かへんですか。」

「いや、じつはね、ここの学校《がっこう》の子《こ》どもさんの背中《せなか》に同《おな》じアザ《あざ》があるんですよ。」

「同《おな》じアザ《あざ》ですって？」


一九三八年《せんきゅうひゃくさんじゅうはちねん》の四月《しがつ》。今《いま》から八〇年以上《はちじゅうねんいじょう》も前《まえ》の話《はなし》だ。

場所《ばしょ》は、和歌山県伊都郡恋野村《わかやまけんいとぐんこいのむら》の彦谷小学校《ひこたにしょうがっこう》。新《あたら》しい年《とし》が始《はじ》まって、今日《きょう》は健康診断《けんこうしんだん》の日《ひ》である。学校医《がっこうい》の庄司先生《しょうじせんせい》が、一人《ひとり》ひとりの子《こ》どもたちの体《からだ》を調《しら》べていて気《き》がついたのだ。そのころの彦谷小学校《ひこたにしょうがっこう》の子《こ》どもは五〇人《ごじゅうにん》もいた。もう一度《いちど》よく調《しら》べなおしてみると、なんとそのうちの十二人《じゅうににん》の子《こ》の背中《せなか》にモミジ《もみじ》によく似《に》た形《かたち》のアザ《あざ》が見《み》つかったという。それもみな男《おとこ》の子《こ》なのだ。

さあ、大変《たいへん》。村《むら》の人《ひと》たちは気《き》になってしようがない。学校《がっこう》の先生《せんせい》たちもその原因《げんいん》をあれこれ考《かんが》えてみた。けれどさっぱりわからない。庄司《しょうじ》先生《せんせい》も医学書《いがくしょ》を開《ひら》いてみたけれど、そんな不思議《ふしぎ》な現象《げんしょう》は、どの専門書《せんもんしょ》にも書《か》いてない。

その時《とき》の校長先生《こうちょうせんせい》が、村一番《むらいちばん》のお年寄《としよ》りに話《はなし》を聞《き》いてみた。一〇二歳《ひゃくにさい》のおばあちゃんと九七歳《きゅうじゅうななさい》のおじいちゃんが、子《こ》どものころに、当時《とうじ》のお年寄《としよ》りから聞《き》いた話《はなし》を思《おも》い出《だ》してくれた。二人《ふたり》の話《はなし》をまとめると、

第10話　彦谷《ひこたに》の天狗《てんぐ》

昔《むかし》、こういうことがあったらしいとわかった。

むかしむかし、彦谷《ひこたに》の村《むら》には一人《ひとり》の天狗《てんぐ》が住《す》んでいた。天狗《てんぐ》というのは、山《やま》の中《なか》に住《す》んでいて、不思議《ふしぎ》な力《ちから》を持《も》っている。顔《かお》は真《ま》っ赤《か》で、とくに目立《めだ》つのは顔《かお》の真《ま》ん中《なか》の鼻《はな》だ。びっくりするほど長《なが》い。そしてやっぱり真《ま》っ赤《か》だ。手《て》には、大《おお》きなモミジ《もみじ》の形《かたち》をしたうちわを持《も》っている。空《そら》を飛《と》ぶ鳥《とり》のような羽根《はね》を持《も》った天狗《てんぐ》もいたらしい。身《み》なりは、昔《むかし》の山伏《やまぶし》のようだったと言《い》われている。

天狗《てんぐ》はめったに村人《むらびと》の前《まえ》に姿《すがた》を見《み》せない。透明人間《とうめいにんげん》のように、すごい速《はや》さで木《き》から木《き》へ飛《と》び移《うつ》ったりもするという。そして、村人《むらびと》たちに害《がい》を与《あた》える天狗《てんぐ》もいて、子《こ》どもをさらったり、嫁入《よめい》り前《まえ》の娘《むすめ》の髪《かみ》の毛《け》を丸坊《まるぼう》主《ず》にしたりするといううわさだ。

せっかく取《と》り入《い》れた農作物《のうさくもつ》をこっそり盗《ぬす》みに来《き》たりもすると伝《つた》えられている。

さて、彦谷《ひこたに》の天狗《てんぐ》は、現在《げんざい》では「ひこばえの里《さと》」のあたりに住《す》んでいたらしい。ありがたいことに、この天狗《てんぐ》は、絶対《ぜったい》に村人《むらびと》に悪《わる》さをしなかった。それどころか、仕事《しごと》が進《すす》まなくて困《こま》っている家《いえ》があると、その家《いえ》の畑《はたけ》を夜《よる》の間《あいだ》にたがやしておいたりもした。お金《かね》に困《こま》っている家《いえ》の玄関《げんかん》にこっそり小銭《こぜに》を置《お》いてくれたこともあるという。つまり「よい天狗《てんぐ》」だったわけだ。だから村《むら》の人《ひと》は「天狗《てんぐ》」と呼《よ》び捨《す》てにはしない。「天狗《てんぐ》さん」と呼《よ》んでいた。もちろん、その姿《すがた》を見《み》た人《ひと》はほとんどいない。

第10話　彦谷《ひこたに》の天狗《てんぐ》

この「天狗《てんぐ》さん」には実《じつ》の息子《むすこ》が一人《ひとり》いた。一度《いちど》だけその姿《すがた》を見《み》たという人《ひと》の話《はなし》では、七歳《ななさい》くらいの、かしこそうな子《こ》だったらしい。まだ子《こ》どもなので、鼻《はな》はそんなには高《たか》くなかったという。父親《ちちおや》の天狗《てんぐ》は、この息子《むすこ》が、かわいくてかわいくて仕方《しかた》がなかった。いつも連《つ》れて歩《ある》いて、いろいろな不思議《ふしぎ》な力《ちから》を使《つか》う方法《ほうほう》を教《おし》えていたらしい。

ところが、この何《なに》より大事《だいじ》な息子《むすこ》が、ある日《ひ》、突然《とつぜん》いなくなった。「かみかくし」にあったのかもしれない。ほかの天狗《てんぐ》にさらわれたのかもしれない。親《おや》の天狗《てんぐ》からはなれて歩《ある》いていて、どこかで深《ふか》い穴《あな》に落《お》ちたのかもしれない。父親《ちちおや》の天狗《てんぐ》は、必死《ひっし》になってさがしまわった。そのころから だ。彦谷《ひこたに》の村《むら》に、夜遅《よるおそ》く息子《むすこ》をさがす天狗《てんぐ》の必死《ひっし》の声《こえ》が聞《き》こえるようになったのは。それは、とっても不気味《ぶきみ》な、そして悲《かな》しいひびきの声《こえ》であった。

その時《とき》からだ。村《むら》の子《こ》どもたちに異変《いへん》が起《お》こったのは。

その昔《むかし》、今《いま》の「ひこばえの里《さと》」のあたりには、両側《りょうがわ》に高《たか》い杉《すぎ》の木《き》がたくさん並《なら》んでいて、昼《ひる》でも暗《くら》いところであった。夜《よる》がふけてから子《こ》どもがそこを通《とお》ると、次《つぎ》の日《ひ》の朝《あさ》、ほとんどかならず背中《せなか》にモミジ《もみじ》の形《かたち》のアザ《あざ》が見《み》つかるようになった。村《むら》の人《ひと》は心配《しんぱい》した。このままでは、やがて村《むら》じゅうの男《おとこ》の子《こ》の背中《せなか》にアザ《あざ》ができるかもしれない。じっさい男《おとこ》の子《こ》らの背中《せなか》のアザ《あざ》は、確実《かくじつ》にふえはじめた。村《むら》の人《ひと》たちは困《こま》った。神様《かみさま》にも仏様《ほとけさま》にもお願《ねが》いした。山伏《やまぶし》にたのんでマジナイ《まじない》もしてもらった。いくつもの村《むら》の長老《ちょうろう》たちに助言《じょげん》をもとめた。すべて効果《こうか》がなかった。アザ《あざ》はふえるばかりだった。

それから何《なん》か月《げつ》か過《す》ぎたある日《ひ》のことだ。村《むら》でいちばん年寄《としよ》りの善太《ぜんた》郎《ろう》じいさんの夢《ゆめ》の中《なか》に弘法大師《こうぼうだいし》があらわれた。弘法大師《こうぼうだいし》というのは、高《こう》野山《やさん》を開《ひら》いた空海《くうかい》というえらいお坊《ぼう》さんである。弘法大師《こうぼうだいし》は、やさしい声《こえ》で善太郎《ぜんたろう》じいさんに言《い》われた。

「あなたたちは、子《こ》どもたちの背中《せなか》のアザ《あざ》のことで頭《あたま》が痛《いた》いでしょう。これは、あの天狗《てんぐ》のせいです。あの天狗《てんぐ》は、今《いま》も息子《むすこ》をさがしています。じつはその息子《むすこ》の背中《せなか》には、きれいな形《かたち》のアザ《あざ》があったのです。だから、子《こ》どもがあの杉並木《すぎなみき》のところを通《とお》ると、思《おも》わずその子《こ》の背中《せなか》にアザ《あざ》をつけてしまうのです。これが自《じ》分《ぶん》の息子《むすこ》だったらいいのに、と思《おも》うにちがいありません。

いいことを教《おし》えてあげましょう。あの杉並木《すぎなみき》のところに、ちょうどお墓《はか》のような石《いし》の柱《はしら》を立《た》てなさい。そしてそこに『南無大師《なむだいし》遍照金剛《へんじょうこんごう》』という文字《もじ》を彫《ほ》り込《こ》

みなさい。遍照金剛《へんじょうこんごう》というのは私《わたし》の実《じつ》の名前《なまえ》なのです。天狗《てんぐ》はきっと村《むら》の子《こ》どもたちの背中《せなか》にアザ《あざ》をつけるのをやめてくれるでしょう。」

村《むら》の人《ひと》たちは大急《おおいそ》ぎで弘法大師《こうぼうだいし》に言《い》われたとおりにした。それからは男《おとこ》の子《こ》の背中《せなか》にアザ《あざ》ができるのはぴたりと止《や》んだ。

それから長《なが》い年月《ねんげつ》が過《す》ぎた。村《むら》では、自動車《じどうしゃ》が通《とお》れるようにと、道《みち》を広《ひろ》げることにした。もとの道《みち》は、「ひこばえの里《さと》」のうしろを通《とお》っていたのだけれど、それを今《いま》のようなところに変《か》えたのだ。それだけなら、どうということはなかったはずだ。しかし、工事《こうじ》を請《う》け負《お》った土建会社《どけんがいしゃ》の人《ひと》が、その「南無大師遍照金剛《なむだいしへんじょうこんごう》」の石碑《せきひ》がジャマ《じゃま》だといって、地面《じめん》の中《なか》に埋《う》めてしまった。これがいけなかった。それからはまた村《むら》の男《おとこ》の子《こ》の背中《せなか》にアザ《あざ》ができるようになってしまったのだ。

昔《むかし》の彦谷《ひこたに》には家《いえ》が五〇軒《ごじゅっけん》ちかくあった。しかし、やがて家《いえ》の数《かず》はどんどん減《へ》りはじめた。今《いま》から六〇年前《ろくじゅうねんまえ》、一九六〇年《せんきゅうひゃくろくじゅうねん》ころには、それまでのように山《やま》の仕事《しごと》だけでは生活《せいかつ》が苦《くる》しくなった。これが、いちばん大《おお》きな原因《げんいん》だ。男《おとこ》の子《こ》の背中《せなか》にアザ《あざ》ができるのは、その後《ご》もつづいていた。それをきらった人《ひと》も少《すく》なくない。当然《とうぜん》のことながら、最後《さいご》の小学生《しょうがくせい》が村《むら》を去《さ》った。

村《むら》に残《のこ》ったのは、ほとんど大人《おとな》ばかり。それもお年寄《としよ》りが多《おお》い。子《こ》どもの声《こえ》の聞《き》こえない村《むら》ほどさびしいところはない。村人《むらびと》は、一人去《ひとりさ》り、また一人去《ひとりさ》りというようにして少《すく》なくなった。このままではだれもいなくなる。村《むら》がなくなってしまう。心配《しんぱい》した人《ひと》たちが知恵《ちえ》をしぼった。小《ちい》さなゴルフ場《ごるふじょう》をつくってみたら、なんていう話《はなし》もあったらしい。しかしいい考《かんが》えは出《で》てこない。もうだめか、村《むら》は死《し》んでしまうと、村《むら》の人《ひと》たちがあきらめかけた時《とき》だ。いい話《はなし》が舞《ま》い込《こ》んできた。

からっぽになった学校《がっこう》を使《つか》って、新《あたら》しい学校《がっこう》を始《はじ》めようというのだ。村《むら》の人《ひと》は大歓迎《だいかんげい》。「子《こ》どものいなくなった学校《がっこう》を私立《しりつ》の学校《がっこう》に使《つか》わせてやってほしい」と、みんなで署名《しょめい》をして橋本市《はしもとし》の市長《しちょう》さんにお願《ねが》いした。残念《ざんねん》ながら、この願《ねが》いは聞《き》き入《い》れてもらえなかった。

でも、学校《がっこう》をつくりたいという人《ひと》たちはあきらめなかった。すぐそばの田《た》んぼに校舎《こうしゃ》と寮《りょう》を建《た》て、山《やま》をけずって運動場《うんどうじょう》にしよう。こうして、いよいよ新《あたら》しい学校《がっこう》ができることになった。待《ま》っていたたくさんの子《こ》が、夏休《なつやす》みなどの長《なが》い休《やす》みに合宿《がっしゅく》にやって来《く》るようになった。その夏休《なつやす》みの小学生合宿《しょうがくせいがっしゅく》はサマースクール《さまーすくーる》と呼《よ》ばれた。サマースクール《さまーすくーる》に来《き》た子《こ》らは、工作《こうさく》、料理《りょうり》、劇《げき》、道《みち》づくり、パーティ《ぱーてぃ》、きもだめしなど、いろいろなことをいっぱい計画《けいかく》して楽《たの》しんだ。

ある年《とし》の夏《なつ》のことだ。あの村《むら》の入《い》り口《ぐち》、つまり「ひこばえの里《さと》」のあたりで道《みち》をなおす仕事《しごと》をしていた子《こ》らが、とんでもない大発見《だいはっけん》をした。道路《どうろ》わきの土《つち》から、ほんの少《すこ》しばかり頭《あたま》を出《だ》している四角《しかく》ばった大《おお》きな石《いし》に気《き》がついた。子《こ》どもというものは、とりわけ頭《あたま》のいい子《こ》どもは、好奇心《こうきしん》いっぱいだ。こういう時《とき》にどうするか。もちろん「これはいったい何《なん》だろう」と言《い》って掘《ほ》り起《お》こしはじめた。

さあ、みなさんも気《き》がついたでしょう。そうです。出《で》てきたのは「南《な》無大師遍照金剛《むだいしへんじょうこんごう》」と彫《ほ》られたあの大《おお》きな石《いし》なのだ。

区長《くちょう》さんはじめ村《むら》の人《ひと》たちもよろこんだ。みんなでていねいに洗《あら》ってしっかり立《た》て直《なお》した。お墓《はか》のように大事《だいじ》にして、ときどきは花《はな》や食《た》べ物《もの》をお供《そな》えした。

それから三〇年《さんじゅうねん》あまり、村《むら》の人《ひと》も学校《がっこう》のみんなもこの石《いし》を大事《だいじ》にしてきた。もちろん、背中《せなか》にモミジ《もみじ》の形《かたち》のアザ《あざ》ができた子《こ》なんて一人《ひとり》もいない。

第《だい》11話《わ》

ムササビ《むささび》のブー《ぶー》さん

●温泉《おんせん》の川《かわ》

第11話　ムササビ《むささび》のブー《ぶー》さん

「とうちゃーん、おなかすいたー。」

「よしよし、ほら、クルミ《くるみ》の実《み》だぞ。」

「ありがとう、とうちゃん。おいしいね。」

「とうちゃんは、木《き》の実《み》さがしの名人《めいじん》だからな。」

むかしの彦谷《ひこたに》の村《むら》にムササビ《むささび》の親子《おやこ》が住《す》んでいた。ブー《ぶー》さんという名《な》前《まえ》の父親《ちちおや》ムササビ《むささび》とその息子《むすこ》だ。息子《むすこ》の名前《なまえ》はププ《ぷぷ》という。五歳《ごさい》になったばかりで、かわいいさかりだ。でも、ププ《ぷぷ》にはお母《かあ》さんがいない。ププ《ぷぷ》がうまれた時《とき》に亡《な》くなったのだ。ブー《ぶー》さんとププ《ぷぷ》には、それが悲《かな》しい。けれど親子《おやこ》のムササビ《むささび》は、みどりのきれいな山《やま》の中《なか》で、なかよく暮《く》らしていた。

事件《じけん》が起《お》こったのは、ある春《はる》の日《ひ》の夕方《ゆうがた》のことだ。ププ《ぷぷ》が、とつぜん姿《すがた》を消《け》したのだ。あそんでいるうちに、急《きゅう》に見《み》えなくなってしまった。ムササビ《むささび》のなかまが、みんなでさがした。次《つぎ》の日《ひ》もさがした。朝《あさ》からばんまでさがした。でも、どうしても見《み》つからない。このあたりには、タカ《たか》やワシ《わし》のような大《おお》きな鳥《とり》はいない。だから鳥《とり》にさらわれたとは考《かんが》えられない。

三日目《みっかめ》になっても、ププ《ぷぷ》は見《み》つからなかった。

「かみかくしにあったにちがいない。」

みんな、そう言《い》ってあきらめた。あきらめなかったのは、父親《ちちおや》のブー《ぶー》さんだけだ。ブー《ぶー》さんはつかれていた。からだが、どーんと重《おも》い。でも、さがすのをやめるわけにはいかない。山《やま》の中《なか》を走《はし》りまわり、何百本《なんびゃっぽん》もの高《たか》い木《き》に登《のぼ》ってみた。それでも、ププ《ぷぷ》のすがたは、どこにも見《み》あたらなかった。

ここに、もう一人《ひとり》、ププ《ぷぷ》をさがしつづけた人《ひと》がいた。この村《むら》の区長《くちょう》さんだ。区長《くちょう》さんは、ずっと下《した》の谷川《たにがわ》のそばを歩《ある》いていた。

「まさか、こんな遠《とお》くまで来《く》るはずがない。」

区長《くちょう》さんは、ひとりごとを言《い》った。でも、おかしなことに、いつのまにか、そっちへ足《あし》が向《む》かう。谷川《たにがわ》には、イワナ《いわな》がたくさん住《す》んでいる。水《みず》がとてもきれいなのだ。区長《くちょう》さんも、子《こ》どものころは、ここへ釣《つ》りに来《き》たものだ。

「いくらププ《ぷぷ》でも、こんなところまでは来《き》てないイワナ《いわな》。」

区長《くちょう》さんは、へんなシャレ《しゃれ》を言《い》いながら、谷《たに》をさかのぼって行《い》った。

その時《とき》だ。

「区長《くちょう》さーん、区長《くちょう》さーん。」

子《こ》どもの声《こえ》がするではないか。そして、なんと、ププ《ぷぷ》がいたのだ。大《おお》きな石《いし》の上《うえ》にすわって、手《て》をふっている。

「どうして、おまえ、こんなところまで！」

「ねえ、気持《きも》ちのいいお風呂《ふろ》でしょ？」

「お風呂《ふろ》だって？　三日《みっか》もさがしたんだぞ。」

「えっ、今日《きょう》の朝《あさ》、区長《くちょう》さんとお話《はなし》したばかりだよ。」

どうも話《はなし》がちぐはぐだ。どうして、こんなところに来《き》たのだろう。いつ、来《き》たのだろう。お風呂《ふろ》って、何《なん》のことだろう。ププ《ぷぷ》にも、区長《くちょう》さんにも、さっぱりわからない。

ブー《ぶー》さんは、なみだをボロボロ《ぼろぼろ》ながして、ププ《ぷぷ》をだきしめた。ムササビ《むささび》のなかまもよろこんだ。

ブー《ぶー》さんは、区長《くちょう》さんにおれいがしたかった。どんなことでもするつもりだ。

「区長《くちょう》さん、何《なに》かほしいものはないかい？」

「わしゃ、何《なん》にもいらんよ。ププ《ぷぷ》が生《い》きていてくれたのが、何《なに》よりだからな。」

「そんなこと言《い》わないで、ほしいものはないの？」

「ほしいもんは、何《なん》にもないなあ。」

「木《き》の実《み》はどうだね？」

「わしゃ、歯《は》が弱《よわ》いんで、かたいものはどうもな。」

「ワラビ《わらび》やゼンマイ《ぜんまい》は？」

「ワラビ《わらび》もゼンマイ《ぜんまい》も、どっさりあるよ。」

「区長《くちょう》さん、おねがいだから、何《なに》か、ほしいものを言《い》っておくれよ。」

「わしのほしいのは、そうだなあ、子《こ》どもだな。できるだけたくさんの子《こ》どもがいいねえ。」

「えっ、でも、子《こ》どもをよそから連《つ》れてきたら、ゆうかいはんになるよ。」

「そういうことではない。じつはな……。」

区長《くちょう》さんの話《はなし》というのは、こうだ。

彦谷《ひこたに》の村《むら》も、昔《むかし》はにぎやかだった。子《こ》どもだけでも一三〇人《ひゃくさんじゅうにん》もいたのだ。それなのに今《いま》はどうだ。だんだん人《ひと》が減《へ》って、とうとう二〇人《にじゅうにん》たらずになってしまった。子《こ》どもは、ほとんどいない。

「子《こ》どもの声《こえ》のしない村《むら》。これほど、さびしいものはない。」

区長《くちょう》さんのことばを聞《き》いて、ブー《ぶー》さんはためいきをついた。ムササビ《むささび》の世界《せかい》でも同《おな》じなのだ。昔彦谷《むかしひこたに》のまわりの山《やま》には、何百《なんびゃっ》ぴきものムササビ《むささび》がいた。ところが少《すこ》しずつ減《へ》って、いつのまにやら、十《じゅっ》ぴきほどになってしまった。近《ちか》くにごみ処理場《しょりじょう》ができて、だんだん住《す》みにくくなってきたのだ。人間《にんげん》たちは、下《した》の橋本《はしもと》の町《まち》へ下《お》りていった。ムササビ《むささび》たちは、そのはんたいに、高野山《こうやさん》のおくの、そのまたおくの山《やま》へ行《い》ってしまった。

「村《むら》に、また子《こ》どもを連《つ》れて来《く》るなんて、そんなこと……。」

ブー《ぶー》さんは、またふかーいためいきをついた。

ブー《ぶー》さんは、がんばった。何人《なんにん》もの人間《にんげん》の友《とも》だちに、彦谷《ひこたに》に来《き》てくれとたのんだ。でも、みんな「あんな山《やま》の中《なか》……」と言《い》ってバカ《ばか》にする。

村《むら》から町《まち》へ下《お》りようとする人《ひと》には、「出《で》て行《い》かないでくれ」とたのんだ。

第11話　ムササビ《むささび》のブー《ぶー》さん

でも、どの人《ひと》も耳《みみ》をかたむけてくれない。

「子《こ》どものいない村《むら》では、うちの子《こ》どもらがかわいそうだ」と言《い》うのだ。

それから何年《なんねん》たったただろう。ある日《ひ》のこと、ブー《ぶー》さんは、国城山《くにきさん》の方《ほう》で、夜《よる》おそくまでにぎやかなのに気《き》がついた。もうすぐ十一時《じゅういちじ》だというのに、子《こ》どもたちの声《こえ》がひびいてくるのだ。そっと近《ちか》づいてみた。そこは山《やま》の家《いえ》というところだ。三〇人《さんじゅうにん》ほどの小学生《しょうがくせい》が、きもだめしのあとの景品《けいひん》を分《わ》けているらしい。ワーワー《わーわー》キャーキャー《きゃーきゃー》と、まあにぎやかなこと！

「いいなあ、彦谷《ひこたに》もこうなったらいいのに。きっと区長《くちょう》さんもよろこぶんだがなあ。」

やがて、山《やま》の家《いえ》はしずかになった。子《こ》どもたちはつかれて、ねむってしまった。大人《おとな》たちは、たき火《ひ》をかこんで話《はな》し合《あ》いを始《はじ》めた。ビール《びーる》を飲《の》んだり、紅茶《こうちゃ》をすすったりしている。

長《なが》い話《はな》し合《あ》いのさいごに、みんながためいきをついた。そして言《い》った。

「こんなに楽《たの》しい合宿《がっしゅく》も、あしたでおしまいだなあ。」

「たった一週間《いっしゅうかん》の合宿《がっしゅく》じゃなくて、正式《せいしき》の学校《がっこう》を早《はや》くつくりたいよねえ。」

「どこかにいい場所《ばしょ》ないかなあ。」

この時《とき》だ。聞《き》き耳《みみ》を立《た》てていたブー《ぶー》さんの頭《あたま》に、何《なに》かがピピッ《びびっ》とひらめいた。

「こいつは名案《めいあん》だ！」

ブー《ぶー》さんは、こおどりした。もうちょっとで、木《き》から落《お》ちるところだった。ブー《ぶー》さんは、慎重《しんちょう》に作戦《さくせん》をねった。

それから数日《すうじつ》たった。山《やま》の家《いえ》の大人《おとな》が、国道三七一号線《こくどうさんびゃくななじゅういちごうせん》を走《はし》っていた。とつぜん、車《くるま》の前《まえ》を一《いっ》ぴきのムササビ《むささび》が、さっと横切《よこぎ》った。

「あっ、ムササビ《むささび》！」

大人《おとな》たちは車《くるま》を止《と》めた。するとまたムササビ《むささび》がすっとおりてきて、目《め》の前《まえ》のやぶの中《なか》に姿《すがた》を消《け》した。車《くるま》の大人《おとな》たちは、ムササビ《むささび》のあとをおった。ムササビ《むささび》は、なんどもなんども車《くるま》の近《ちか》くまで来《き》て、少《すこ》しずつ前《まえ》の方《ほう》へ飛《と》んだ。大人《おとな》たちは、そのあとをおいつづけた。

こんなふうにしてやって来《き》たのは、さて、どこだろう？

そう、そのとおり。彦谷《ひこたに》の村《むら》なのだ。大人《おとな》たちは、ムササビ《むささび》に引《ひ》きつけられて、村《むら》の家《いえ》のあたりまで登《のぼ》ってきてしまった。区長《くちょう》さんの家《いえ》のよこに車《くるま》をとめた大人《おとな》たちは、くちぐちに言《い》った。

「きれいだなあ！」

「こんなにすてきな景色《けしき》、見《み》たことがない！」

「そうだ。われわれのつくろうとしている学校《がっこう》は、ここに決《き》めようではないか。」

「そうだ、それがいい！」

それから七年《しちねん》。大人《おとな》たちががんばって、ここにとうとう小学校《しょうがっこう》ができた。中学校《ちゅうがっこう》もできた。

高校《こうこう》までできた。村《むら》は、すごくにぎやかになった。なにしろ二〇〇人《にひゃくにん》もの子《こ》どもがいるのだ。寮《りょう》もあるから、夜《よる》もやかましい。

こうして区長《くちょう》さんの夢《ゆめ》はかなった。

でも、ムササビ《むささび》の世界《せかい》は、少《すこ》しちがった。ごみ処理場《しょりじょう》が大《おお》きくなって、道《みち》もひろがって、ムササビ《むささび》にはますます住《す》みにくくなってきたのだ。仲《なか》のよかったキジ《きじ》たちも、いつのまにか、いなくなった。のこっていたムササビ《むささび》たちも、みんな高野山《こうやさん》のおくへ引《ひ》っこして行《い》ってしまった。

ブー《ぶー》さんとププ《ぶぶ》は、村《むら》にのこることにした。人間《にんげん》の子《こ》どもがふえてうれしかったし、区長《くちょう》さんのことがますます好《す》きになったからだ。それに、学校《がっこう》がどうなるか、楽《たの》しみでもあるし、心配《しんぱい》でもあった。ブー《ぶー》さんとププ《ぷぷ》は、今《いま》でも、夜《よる》おそくに学校《がっこう》のまわりに来《き》ているよ。何《なに》か困《こま》ったことが起《お》きないか、ちゃんと見《み》ていてくれるんだ。ときどきログハウス《ろぐはうす》の前《まえ》のヒノキ《ひのき》の木《き》から、区長《くちょう》さんの家《いえ》の方《ほう》へ、二《に》ひきで飛《と》んでいくのが見《み》える。

ところで、行方不明《ゆくえふめい》のププ《ぷぷ》が見《み》つかった場所《ばしょ》をおぼえているかい。区《く》長《ちょう》さんは、あの時《とき》のププ《ぷぷ》のことばが気《き》になって仕方《しかた》がなかった。

「気持《きも》ちのいいお風呂《ふろ》でしょ？」

たしかにププ《ぷぷ》は、こう言《い》ったのだ。区長《くちょう》さんは、よーく調《しら》べてみた。すると、なんということだ。あの大《おお》きな石《いし》の下《した》からは、温泉《おんせん》がわいているではないか。あまりあつくはないけれど、たしかに温泉《おんせん》なのだ。区《く》長《ちょう》さんの夢《ゆめ》は、そのあつい湯《ゆ》を村《むら》まで引《ひ》いてきて、温泉《おんせん》ハウス《はうす》を建《た》てることになった。

「いつかそのうち、ブー《ぶー》さん親子《おやこ》といっしょに温泉《おんせん》の湯舟《ゆぶね》にゆっくりつかりたいなあ。」

これが区長《くちょう》さんの口《くち》ぐせだ。

残念《ざんねん》なことに、その区長《くちょう》さんはそれから数年《すうねん》して、まだ夢《ゆめ》がかなわないうちに亡《な》くなった。けれど、学校《がっこう》の子《こ》どもも大人《おとな》も、何《なん》とかしこの村《むら》に温泉《おんせん》センター《せんたー》を開《ひら》きたいと今《いま》も思《おも》い続《つづ》けている。

あとがき

和歌山県《わかやまけん》の東北《とうほく》の端《はし》、奈良県《ならけん》の隣《となり》の山《やま》の中《なか》に彦谷《ひこたに》という小《ちい》さな集落《しゅうらく》があります。この山《やま》の村《むら》に三〇年《さんじゅうねん》ほど前《まえ》、「きのくに子《こ》どもの村学園《むらがくえん》」という変《か》わった名前《なまえ》の学校《がっこう》が生《う》まれました。

名前《なまえ》が変《か》わっているだけではありません。考《かんが》え方《かた》ややり方《かた》がとてもユニーク《ゆにーく》なのです。

1　子《こ》どもたちがいろいろなことを話《はな》し合《あ》って決《き》める。

2　学年《がくねん》にとらわれないで、子《こ》ども一人《ひとり》ひとりが大事《だいじ》にされる。

3　生《い》きていく上《うえ》で大事《だいじ》なことがらに挑戦《ちょうせん》して広《ひろ》く学《まな》ぶ。

この変《か》わった学園《がくえん》の中学校《ちゅうがっこう》に「わらじ組《ぐみ》」という変《へん》な名前《なまえ》の、そして常識外《じょうしきはず》れのクラス《くらす》がありません。なにしろ担任《たんにん》の先生《せんせい》がいません。いろいろなことをみんなで話《はな》し合《あ》って決《き》めます。担任《たんにん》はいませんが「影《かげ》の大人《おとな》」がいます。ときどきアドバイス《あどばいす》したり、相談《そうだん》に乗《の》ってくれたり、私《わたし》たちの希望《きぼう》にこたえて、自分《じぶん》でマイクロバス《まいくろばす》などを運転《うんてん》して日本中《にほんじゅう》のいろいろなところへ連《つ》れて行《い》ってくれたりします（北《きた》は北海道《ほっかいどう》の網走監獄《あばしりかんごく》から南《みなみ》は鹿児島《かごしま》の知覧《ちらん》の特攻隊平和記念館《とっこうたいへいわきねんかん》まで）。

十年余《じゅうねんあま》り前《まえ》の二〇〇九年《にせんくねん》、当時《とうじ》のわらじ組《ぐみ》はそれまで調《しら》べた彦谷《ひこたに》の村《むら》の過疎化《かそか》についてまとめて『山《やま》の村《むら》から世界《せかい》が見《み》える』という本《ほん》を出版《しゅっぱん》しました（増補版《ぞうほばん》は二〇一九年《にせんじゅうくねん》）。一般《いっぱん》の書店《しょてん》にも並《なら》ぶホンモノ《ほんもの》の本《ほん》です。このたびの本《ほん》はその続編《ぞくへん》で、村《むら》に伝《つた》わる「こわい話《はなし》」をまとめたものです。村《むら》のお年寄《としよ》りなどから聞《き》いて学園長《がくえんちょう》の堀《ほり》さんが記録《きろく》したものを、陰《かげ》の大人《おとな》の一人《ひとり》の「まるちゃん」に教《おし》えてもらいながら編《へん》集《しゅう》しました。きっと楽《たの》しんでいただけたことと思《おも》います。

今年《ことし》は彦谷《ひこたに》の村《むら》に子《こ》どもの村《むら》ができてちょうど三〇周年《さんじゅっしゅうねん》を迎《むか》えました。この本《ほん》が記念《きねん》の出版《しゅっぱん》になってとてもうれしいです。読《よ》んでくださってありがとうございました。

二〇二一年七月一日《にせんにじゅういちねんしちがつついたち》

きのくに子《こ》どもの村中学校《むらちゅうがっこう》　二〇二〇年度《にせんにじゅうねんど》わらじ組《ぐみ》
阿部祐子《あべゆうこ》、川島宏太郎《かわしまこうたろう》、迫田《さこだ》あやの、西ノ原凛太朗《にしのはらりんたろう》
藤澤《ふじさわ》　華《はな》、松本穂歌《まつもとほのか》、湯浅航紀《ゆあさこうき》、橘髙《きったか》　雫《しずく》、本多福子《ほんだふくこ》
西川《にしかわ》かえで、山崎七穂《やまさきななほ》

●**文：堀　真一郎**

1943 年福井県勝山市生まれ。66 年京都大学教育学部卒業。69 年同大学大学院博士課程を中退して大阪市立大学助手。90 年同教授（教育学）。

大阪市立大学学術博士。

ニイル研究会および「新しい学校をつくる会」の代表をつとめ，92 年 4 月和歌山県橋本市に学校法人きのくに子どもの村学園を設立。94 年大阪市立大学を退職して，同学園の学園長に専念し，現在に至る。

●**編集・絵：きのくに子どもの村中学校わらじ組**

阿部祐子，川島宏太郎，迫田あやの，西ノ原凛太朗，藤澤華，松本穂歌，湯浅航紀，橘高雫，本多福子，西川かえで，山崎七穂

連絡先　〒 648-0035 和歌山県橋本市彦谷 51 番地　きのくに子どもの村学園
☎ 0736-33-3370　E-mail：info@kinokuni.ac.jp

中学生《ちゅうがくせい》がまとめた山《やま》の村《むら》のこわい話《はなし》

2021 年 9 月 10 日　初版発行

文　堀《ほり》　真《しん》一《いち》郎《ろう》
編集　きのくに子《こ》どもの村《むら》中学校《ちゅうがっこう》わらじ組《ぐみ》
発行者　武馬久仁裕
印刷　藤原印刷株式会社
製本　協栄製本工業株式会社

発行所　株式会社 黎《れい》明《めい》書《しょ》房《ぼう》
〒460-0002　名古屋市中区丸の内 3-6-27　EBS ビル　☎ 052-962-3045
FAX 052-951-9065　振替・00880-1-59001
〒101-0047　東京連絡所・千代田区内神田 1-4-9　松苗ビル 4 階
☎ 03-3268-3470

落丁本・乱丁本はお取替します。

ISBN978-4-654-02356-1